启时 BOOK O'CLOCK

NEW MOM FOR REBEL GIRLS

养育向前一步的女孩

〔德〕**苏珊·米劳** 著

韩冰洁 译 叶倚闻 绘

北京科学技术出版社

著作权合同登记号 图字：01-2024-0772

图书在版编目（CIP）数据

养育向前一步的女孩 /（德）苏珊·米劳著 ; 韩冰洁译 ; 叶倚闻绘. -- 北京 : 北京科学技术出版社, 2025.6

ISBN 978-7-5714-3753-4

Ⅰ. ①养… Ⅱ. ①苏… ②韩… ③叶… Ⅲ. ①女性－家庭教育 Ⅳ. ①G78

中国国家版本馆 CIP 数据核字（2024）第 052120 号

策划编辑：许子怡
责任编辑：田　恬
责任校对：贾　荣
图文制作：沐雨轩文化传媒
责任印制：李　茗
出 版 人：曾庆宇
出版发行：北京科学技术出版社
社　　址：北京西直门南大街16号
邮政编码：100035
ISBN 978-7-5714-3753-4

电　　话：0086-10-66135495（总编室）
0086-10-66113227（发行部）
网　　址：www.bkydw.cn
印　　刷：天津联城印刷有限公司
开　　本：880 mm × 1230 mm　1/32
字　　数：180 千字
印　　张：7.375
版　　次：2025 年 6 月第 1 版
印　　次：2025 年 6 月第 1 次印刷

定　　价：69.00 元

北科读者俱乐部

献给我的女儿

以及所有在性别平等之路上留下深浅足迹的女孩和母亲

推荐序

对于女孩的教养问题，我们这一代“新妈妈”的观念与上一代的可以说天差地别。一方面，女孩因为乖顺听话而在成年后被情感操纵，遭遇“杀猪盘”的新闻层出不穷，这让我们不得不对以往把女孩教养成“小白兔”的理念进行反思。另一方面，一些闪闪发光的女性榜样让我们对“要把孩子培养成什么样子的人”进行更深入的思考。我们是希望孩子顺从、听话，委屈自己讨好他人；还是希望她无论是穿粉红色的裙子，或是玩工具箱玩具，都能够完全出自本心，自决自洽，自然地发展出真实的自我呢？

我想大多数人都会选择后者。其实，随着女性自我意识的觉醒，很多妈妈现在都已经意识到要破除育儿中的性别偏见，希望女儿能胜过妈妈，将生活的规划权握在她自己手中。但是具体操作起来，仍然困难重重。我们可能在女儿闲散舒适地坐着的时候不经意地脱口而出“女孩儿要并紧双腿”，在角色扮演游戏的时候自动地给女儿分配公主的角色。我们可能一方面跟女儿说不要有外貌焦虑，一方面对刚生产完的邻居的身材品头论足。一方面我们教女儿要自信大胆，另一方面我们自己在哈哈大笑的时候都要掩住嘴巴，生怕露出一点儿“不雅”的表情。这样做的结果是什么？女儿最终仍然很难突破束缚。

我们的言行为何如此不一致？因为我们作为女性可能承受过性别偏见和歧视，这些来自外界的错误性别观已经内化为我们自己的性别认知，影响着我们的言谈和举止，阻碍我们更好地陪伴女儿的发展。因此，育儿先育己，想要养育“向前一步的女孩”，母亲只有自己先成为“向前一步的母亲”——成为自信、强大的个体才能为女儿的成长提供更好的支持与保障。这正是我认为本书值得称道的地方。

一方面，本书为“新妈妈”提供了如何教养出自尊、自信、自爱、自洽的女孩的实用建议。时代在发展，我们的孩子面对的问题显然与我们这一代的不尽相同，育儿理念也在随时更新。作为母亲，我们要跟上时代，才能更好地支持女儿的发展。另一方面，本书可以帮助母亲回溯自身的成长经历，审视自己的内心世界。不论有意或无意，父母的言行和价值观永远是影响儿童成长的重要因素。身为母亲的女性只有自身摆脱了性别偏见的束缚，才能将平等的意识传递给下一代，让她们真正地自由成长。

朱芳宜

家庭教育专家，国家二级心理咨询师

国家卫生健康委员会婴幼儿早期发展项目专家

引　言

我第一次怀孕时，被问得最多的问题就是孩子的性别。作为一名自信并坦率的现代女性，我对这个问题的回应通常是无所谓地耸耸肩，表示自己并不在意孩子的性别。但在内心深处，我其实特别在意。我和我在2007年组织的问卷调查中的大多数女性一样，打心底里希望能够生一个女儿，并陪她走过成长的各个阶段。我会想象自己与她的温馨生活片段：一起窝在沙发上看电影，一起躲在被窝里吃冰激凌，一起听歌，一起分享她情窦初开时的甜蜜和痛苦。女儿与我，我们二人就是一个团队。

但与美好想象并存的，是我基于自身成长经历的警觉与思考：如果我生的真的是一个女孩，那么她的成长轨迹应当与我的不同，我在上学与工作中遭遇的种种针对女性的歧视（Discrimination）不应在我的下一代身上重演。我希望改变现状，让我的女儿能够按照她自己的意志成长。她不必再为自己在社会中的女性身份以及伴随这种身份出现的各类风险忧惧，而是可以以更加坚强的姿态面对这个世界。她可以真实而率性地活出自己的人生，可以去拿诺贝尔奖，可以去寻找平淡而朴实的幸福，也可以在这之间探寻属于自己的平衡。她可以自信地欣赏自己的身体，想穿什么就穿什么，可以在数学课上充满自信地举手发言。最重要的是，我希望她能明白，她的母亲会永远无条件地支持她。而且除了我，她的生命中还会出现许多能够与她建立起紧密联结的人。这些人会如同家人一般，帮助她寻觅属于她的那份幸福，支持她自由地选择自己要走的那条路。如果我有女儿，那么我希望自己在她心中是一个打破传统、好相处，同时又足够强大、可靠的母亲。但是，慢慢地，我意识到这并非一件非常容易的事情。

只要想到我的孩子可能是一个女孩，我就会不自觉地代入她的视角。我渐渐不满足于扮演“生活参与者”这一角色，而希望她能胜过我，能将生活的规划权握在自己手中。

我们在童年就已经对自己双腿间的隐私部位怀有强烈的好奇了。这一现象背后的原因十分有趣：因为没有任何一处身体部位像私处一样，从一开始便几乎决定着孩子的一生。性别划分决定着我们的名字，在婴孩时期的穿着打扮、发型，甚至是幼儿园入学机会的大小（很多幼儿园会在招生时进行性别上的把控，从而使园内儿童的性别比例达到平衡）。所有出现在孩子生命中的人——邻居、保育员、教师、朋友及其父母——都会通过言行影响孩子对自己性别的认知：我就遇见过将我的女儿亲切地称为“甜心”，将我的儿子喊作“小男子汉”的超市收银员。这些成人通过自己对儿童性别的主观判断和划分，在儿童周遭营造出一种带有性别刻板印象的氛围。在这种气氛的感染和推动下，儿童会逐渐吸纳来自外界的性别观，并将其内化为自己的性别认知。

即使孩子尚未出生，他们（以及身为父母的我们）也早已暴露在各种基于性别刻板印象的定义和期许之下。不论是凭借肚子的形状还是用其他偏方妙法，总有人想方设法去探究胎儿的性别。我的一个亲戚就曾试图通过观察我的精神和气色来判断我怀的是男孩还是女孩：

“女孩会夺走母亲的美貌，男孩则会让母亲容光焕发。”单这一句话就已经在生命的伊始为孩子打下了深刻的性别烙印：女性容易在容貌上相互攀比、母亲与女儿一定存在同性间的对立、女性之间缺乏团结……仔细想来，这些观点背后的逻辑链其实是：女性必须保持美丽—怀上女孩有损这种美丽—女儿对母亲无益（之后我会详细探讨这个观点）。

我确实生下了一个女孩。但与传言不同——我在孕期虽然胖了20千克，却只觉得自己愈发美丽。盯着B超上婴儿逐渐发育成型的性器官，我开始不断地问自己这个问题：迎接这个孩子的会是一个怎样的世界？不管是我个人的成长经历，还是我身边许多女性的生活遭遇，都揭示了这个社会存在的诸多问题，表明了变革的必要性。我的家庭背景不错，自身也足够努力，人生经历可以算得上成功。但在我身边，乃至整个世界，依然有许多女性遭受着各种各样的歧视。在深入研究性别议题的同时，我不禁思考这些歧视会对我的女儿产生怎样的影响，并切实感受到了变革的必要性和紧迫性。这里的变革并不仅仅意味着消除社会现有的问题：每一场新的社会危机，都在提醒人们行动起来，推动旧观念、旧规则走向终结或迎来更迭。

在过去几年中，我们在推动性别平等上究竟取得了多大（或多小）的成就，刻板印象及传统的角色定位又带来了怎样的束缚？如今的女孩过得怎么样？她们在成长中会以何种方式被影响？是什么在影响她们？大部分人在看到这些问题的时候，第一反应是质疑提问者：这些问题有什么意义？如今的女孩当然都过着舒适、富足的生活！但仔细思考后我们会发现，这种反应依然没有脱离传统的窠臼，反映了质疑者眼中女性“天生”驯服、讨喜的性格特点。在他们看来，女孩都应当成为《长袜子皮皮》里乖巧、娴静的安尼卡，而非淘气、爱闯祸、古怪、大胆的皮皮。现在的女孩虽然可以穿裤子、着工装、剪短发，但在商品目录上，布娃娃与工具箱玩具的受众属性依旧性别分明，就连填色书和解谜书都要通过封面颜色对受众的性别加以引导——粉色的给女孩，蓝色的给男孩。书中的图案也会相应地进行调整，从而迎合社会对男性和女性的刻板印象。

虽然“身体中立”这种旨在帮助青少年接受自我的运动已经得到推广，但如果哪个小女孩的穿着违背了社会对女性美的定义，那她面对的将不仅仅是“没人愿意帮（这样的）她拍照”这个“小问题”，还可能是被羞辱和被孤立。德国联邦健康教育中心的一份针对15岁女孩的调查显示，半数以上的女孩虽然体重完全正常，但心理上认为自己过于肥胖。美国也进行过类似的研究，结果表明，早在3～5岁，很多女孩就已经把苗条的身形视为积极的特征，并更倾向于与具有此类特征的同龄孩子交往、玩耍。

上学后，很多女孩会表现出较高的悟性，能够轻松完成课业并升入大学。她们的表现常常让人有“女孩的地位已经反超男孩”的错觉。但在选择高校专业或职业培训方向的时候，社会对性别的刻板印象会再次显现，影响她们对未来道路的选择。普遍看来，男孩在学校的表现不如女孩，但他们往往认为自己更加聪明，表现出更强的自信。与他们相反，女性在大部分情况下会表现出“冒充者综合征”的症状。此类人群对自己抱有强烈的怀疑，不能正确接纳自己的成就，认为自己的能力无法与得到的赞美匹配。

综上看来，现代社会中依旧存在着诸多约束不同年龄段女性发展的因素，这些因素也导致了危机中女性地位的下降。虽然与之前的数千年相比，在过去的120年间，人类在推动男女平权上进步较大，社会对女性的教育也有了质的变化，但许多问题仍旧存在。比如，有些性别平等条例虽然被写在了律法中，却没有完全得到践行。单是气候变化这一个环境变化趋势，就足以导致未来几年乃至几十年内女性面临的危机越来越多。在一份讨论稿中，各大活跃在性别平等与环境公平领域的国际组织列出了气候变化恶化了护理行业工作环境的几点原因："性别研究专家担心，环境危机可能造成性别角色复保守化，对社会性别关系造成长期的消极影响。"

人们的危机感越重，人们就越倾向于回归传统的、看似有利于社会体系稳定运转的权利结构。联合国妇女署也认为"危机从来不是性别中立的"。畅销书《使女的故事》所讲的就是一个典型的例子：书中的使女生活在一个生态环境遭到严重破坏，政治环境相当恶劣的国家——基列共和国。在这个国家，女性没有任何权利——这是一种残酷的反乌托邦设定。但《南德意志报》的一篇报道表明，很多美国人并不认为使女生活的国度是虚构的，基列共和国实际上就是美国社会的缩影。美国演员布莱德利·惠特福德也在参演剧版《使女的故事》后表示："剧情与现实太过贴近，令人心惊。"现实似乎想要印证他的话，美国得克萨斯州确实显露出了危险的苗头：该州从2021年春季开始实行禁止堕胎法案。至此，美国已经有11个州出台了禁止孕妇在婴儿出现胎心后堕胎（即使是因被性侵而怀孕的孕妇也不例外）的规定。在德国，危机导致家庭回归传统的角色分配模式。

在这样的大环境下，捍卫前人在平权之路上的成果已属不易，探索平权之路的新方向则难上加难。因此，我们必须即刻行动起来，尽自己所能阻止社会结构的退化，或至少将退化的程度及其影响降至最低——为了我们自己和下一代，为了改变现状，也为了应对危机四伏的未来。

即便未来不再发生新的危机，陪伴孩子成长、让孩子变得更加坚强、消除孩子的刻板印象和对性别角色的偏见、改善孩子所处的社会环境，这些依然是父母的分内之事。积极行动起来解决现存和潜在的问题还能给我们自己自信，让我们不再感到无助。对孩子未来的担忧往往会限制母亲的思维，特别是当母亲自身有与性别有关的消极经历时，这种恐惧会让这些母亲沉浸在一种无力感中难以前行。在德国，三分之一的女性至少经历过一次肢体暴力和/或性暴力。在职场生活中，女性常常是承受歧视和刻板印象的一方。这些经历可能导致我们（下意识地）产生恐惧心理，并将这种心理传递到下一代身上。除了社会偏见，个人遭遇也会成为阻碍我们陪伴女儿自由、坚强地成长的绊脚石。我们只有开始正视社会的缺陷、教育的弊病，并抓住改变的契机（具体内容因人而异）时，才能夺回变革的主动权。

澳大利亚国会议员布列塔尼·希金斯遭到性侵的新闻流出后，网上疯传的一句话很好地说明了大众想法：“管好你的儿子，而不是关好你的女儿。”由此可见，在正确教育女儿的同时，我们还要提防父权主义、极端大男子主义在思想上对男性和女性的侵蚀。总的来说，改变父权制社会并非一朝一夕就能实现，仅仅把目光放在教育男性和向男性传递平权的价值观上是不够的，我们还要留心自身言行，特别是寻常的话语细节，比如“打扮得美美的，才能迎接新的一天！”或“唉，我真是个傻姑娘……”说真的，这样的话我还从未听哪个男性说过。

女性主义者、美国哈佛大学神学教授伊丽莎白·许斯勒·菲奥伦扎认为，父权主义催生了建立在男女等级秩序之上的、复杂的、像金字塔一样的社会结构，而非简单的男性凌驾于女性之上的社会结构。在这种结构的社会中，女性也（可能）拥有担任重要职位的机会，可以产生一定的影响力。因此，现代女性更应该学会认识、认可自己的能力，同时利用自己的影响力消除各个领域存在的不平等、不公正现象，这是整个社会，也是每个社会成员的责任。

随着女儿一年年长大，我逐渐认识到，仅仅改变外界环境是不够的。要在女儿心中树立起自信、强大的母亲形象，为她的成长提供更好的支持与保障，我就应该回溯自身的成长经历，审视自己的内心世界。孩子的成长总是伴随着各种新的问题，这一过程也常常让我陷入复杂的、或积极或消极的情感旋涡。渐渐地，我质疑的矛头由外界转向了自己：我为什么会对女儿这么说/这么做/提出这种要求？哪些思维左右着我下意识的行为和言语？我为什么就是忍不住想给她买一件印着凯蒂猫图案的粉色小裙子，忍不住想把她打扮得和幼儿园里其他的小姑娘一样？与她截然不同的成长经历也框定了我的思维，让我不自觉地给女儿传递错误的信息。比如有关“处女膜”的迷思——我成年并生完三个孩子之后才知道，“处女膜”这种说法只是父权主义思想用来禁止女性婚前性行为的一个借口。同样，只要稍微动动脑子，我们就能意识到很多包含女性生殖器官的粗话、俚语绝非源于对女性的尊敬和欣赏。

与几十年前相比，现在女孩的成长环境已经发生了翻天覆地的变化。她们所处的社会结构与几十年前的完全不同，我们对此必须加以分析和研究。她们使用的词语、定义所表露出的世界观对我们而言可能是陌生的。现在的文化环境已经发生了很大的变化，而我们的孩子正处于改变的中心、变革的风口。遗憾的是，上一代人往往不愿意接纳新的事物，这种拒绝的态度会在很多层面阻碍变革的推进。但变化已经发生，发展不可阻挡，下一代的生活环境早已不同于过去——现在的女性拥有更多的就业机会。反抗性暴力的“荡妇游行”*在世界范围内兴起，新文化、新思想会在下一代身上与他们所受的传统教育发生碰撞。他们会以不同于我们这代人的方式在矛盾中探寻出路。作为母亲，作为监护人，我们要与所有变化周旋，并在了解变化的基础上给予孩子有力的支持、充分的陪伴。

西蒙娜·德·波伏瓦在《第二性》中引用了让-保罗·萨特的一句话：“我和所有人一样，一半是同谋，一半是受害者。”这句引言旨在警示人们远离被动接受的心理。因为“女人并非生来就是女人，而是慢慢变成女人的”。女性改变现状的第一步，就是挣脱思想上的枷锁，找回创造性思维、自由思维。然后，女性才能对新事物敞开心扉，发展出新的思维模式。举个例子，很多人认为女性“天生”具有某些特质。但大部分时候，“进化”与“文化”的界限比我们想象中的更模糊。正如生物学家麦克·施托韦罗克所言：“天生的并不等同

* 荡妇游行（Slut Walk），指一种为争取妇女人身安全权利的抗议游行运动，其主要宗旨是抗议社会对被强暴者的偏见，强调在强暴案中被谴责的对象应该是加害者，而不是受害女性。为了凸显这个议题，参加游行的女性通常穿着清凉的服装，手持抗议标语，希望能够得到关注。2011 年 4 月 3 日，“荡妇游行”首次在加拿大多伦多发动，原因是加拿大多伦多的一名警察在安全讲座中提出“女人若不想成为受害人，就不应该穿得像荡妇一样”。——编者注

于进化结果，后天的也不一定是社会文化的产物。”人与人之间的差异究竟有几分能归结到性别上？就像外界环境会对子宫内的胎儿产生影响一样，儿童在幼年接收到的某些信息甚至可能作用于他们的DNA。因此，要判明儿童的哪些特质属于“本性”是非常困难的。我女儿身上有哪些特点是天生的？而我又是从什么时候开始有意无意地在她身上施加影响的？世界上真的存在“典型的女孩/男孩”吗？还是说，其实是这个社会规定了什么叫“典型”？

就算活在同一个世界，每个女性对负担、歧视、角色和思想枷锁的理解也都是不同的——不同的社会状态、不同的个性、不同的经历，这些因素彼此叠加，最终会在下一代身上集中爆发出来。身为母亲的女性只有自身得到解放，理解了自由的含义，才能将这份理解和意识传递给下一代，让她们真正地自由成长。除此之外，我们还要看到过去数千年里社会在女儿和母亲身上打下的烙印，发现母女之间特殊的联结，并找到这段关系中问题的症结。2006年的一份研究报告显示，在12～13岁的女孩中，有92%的人将母亲视为最重要的陪伴者，四分之三的受访者表示自己与母亲之间有着良好的信任关系。这是价值观在亲子间传递的基础。不论有意或无意，父母的言行和价值观永远是影响儿童成长的重要因素。然而，母亲这一角色，永远不可能也没有必要完美。

即使家庭环境不同，每个人性情不一，母亲们也总有一些基本目标是一致的：孩子应当安全、自信地成长，看到自我价值，关注自身需求，相信自己能够改变世界。遗憾的是，母亲们的成长经历往往与这种理想情况迥然不同。很多女性成功的背后是一条充满残酷竞争的坎坷道路，也有很多女性在有了孩子之后依然面对着战场般的生活，还要竭力避免孩子对自己的经历与困境有所察觉。几乎没有母亲会刻意贬低自己的女儿，或对女儿的问题袖手旁观。正相反：母亲往往最是爱女心切，一心想着保护孩子。但也正因如此，母亲的保护行为更容易受到内心潜在观念与情感的左右。自身的经历、从未（或极少）被质疑的社会结构，都会遮蔽母亲们的视野，让母亲们很难保持客观，从而倾向于顺应目前的“游戏规则”而非与之对抗，也不会主动支持孩子探索新的道路、提出不一样的观点或质疑他人。虽然在摸索、探知自身盲点的过程中可能触及其他痛处，但越是在这种时候，母亲们越需要为了自己和孩子表现出直面挑战、直视问题的勇气。

身兼“母亲”与“女性”双重角色，您的感受是?

- 我不能很好地表达自己的诉求。
- 我感觉他人的愿望与需求比我自己的更加重要。
- 我在童年有过性别带来的消极经历。
- 童年的我因为自己是女孩而（在家里/学校/人际交往中）缺少价值感。
- 我遭受过（性）暴力。
- 我与母亲关系不和。
- 我很难与同性友好相处，容易嫉妒/贬低/责备其他女性。
- 我总是在寻求认可。
- 我经常感到脆弱无助。
- 外界对我的要求与我本来的性格相悖。

如果您有以上的感受，就说明您不得不迎合他人的期待，被迫扮演一个不适合您的角色。可能您已经认识到了这一点，意识到童年时缺乏自信、认同感和安全感所产生的精神包袱已经伴随您很久了。个人经历、所受教育都会深刻地影响我们的思维和行为，之后的章节会对此展开详细的论述。但眼下，我们需要思考另一点：未成年女性和成年女性在社会中的地位。因为社会对女性的看法和态度会影响女性的自我判断和未来发展。

您是否知道以下事实?

- 不同性别的婴儿在哭声上就已经被区别对待。同样大的哭声，男孩被认为比女孩承受着更大的痛苦。
- 在2006年的一项研究中，研究人员对年龄在5～8岁、拥有不同玩具的儿童进行了采访。结果表明，家中有芭比娃娃的孩子更倾向于挑剔自己的外貌和身材，希望自己更加苗条。
- 一项调查表明，在受众为儿童的迪士尼动画电影中，男性角色的台词明显多于女性角色的。
- 女孩在课堂上会因为觉得自己不够漂亮而减少发言的频次。
- 即使在德国等发达国家，月经贫困（女性因经济困难无力购买卫生用品）现象也依然存在，与此伴生的还有此类女性的教育问题。
- 80%的女性希望与伴侣公平分担家务、育儿、两性关系上的责任，希望家庭与事业达到平衡。但事实上，在有幼儿的家庭中，66.2%的母亲只能从事兼职工作，而选择从事兼职工作的父亲则只占5.8%。

- 英国国家自闭症协会[National Autistic Society（UK）]2013年的一项问卷调查显示，在6岁以下患有阿斯伯格综合征的孩子中，女孩的检出率只有8%，而男孩的检出率则达到了25%。由于检测指标以男性患儿症状为准，所以据估计约有四分之三的患有多动症的女孩并没有被诊断出来。
- 2019年，德国在恋爱/婚姻关系中遭到谋杀、人身伤害、性侵、性骚扰、威胁、跟踪的人数多达141 792人。在这些受害人中，女性占81%。在儿童时期和青少年时期经受过暴力的女性，成年后又遭受亲密伴侣虐待的可能性是一般女性的两倍。
- 20%的德国女性在一生中至少经历过一次来自亲密伴侣的暴力行为。
- 截至2021年，德国仍禁止妇科医生在诊所主页上科普与堕胎相关的知识——这被视为一种广告行为。

如果您对上述现象的回应都是“我不知道”，那么本书将带您了解当代社会中的各种问题和不公现象。上文列出的事实和数据已经十分令人震惊了，但只是冰山一角。一代人并不足以撼动现存的社会框架。但我们——特别是作为母亲——可以利用好自己的角色，为下一代女性的成长赋能：给她们足够的爱、信任与尊重，培养她们坚强、自信的性格，让她们在保持原本个性的同时找到适合自己的生活方式。要做到这一切，我们就要理解观念与现实的关联，从而将自己从传统思想的束缚中解放出来，带头做出改变，为下一代女性，也为这一代女性的解放铺平道路。因此，本书有两方面的意义：这是一本女儿培养指南，让母亲通过反思自己扮演的角色来更好地理解和支持孩子的发展；这也是一本世界变革手册，让女孩冲破旧的社会框架，获得真正的自由。

在本书的第一部分，我们会探究女孩复杂的成长历程及其成因：男孩和女孩有哪些不同？是什么造成了几千年来男女有别的教育方式？追踪女性教育的历史并非易事，因为从古至今，包括在当代社会，对性别的刻板印象都深刻地影响着未成年女性的教育。我们还将仔细观察母亲与女儿的关系，思考可能影响这一关系的因素。这不仅能让我们从新的角度审视自己与下一代的亲子关系，也能提醒我们回顾与自己母亲的相处模式，辨识不同模式的特点及模式的成因。

本书的第二部分会着重展示母女关系的韧性和活力，并将探讨的方向转向更加个人的层面：是什么在影响我们，我们传递给下一代的又是什么？为什么会这样？如何跳出消极相处模式代际传递的怪圈？不可否认，在过去的几十年间，女性主义运动确实取得了很多成果，对我们的祖母和母亲一代产生了一定的影响。但与此同时，她们和我们身上都留有不同程度的传统思想的烙印。

当然，其他家庭成员也不应缺席孩子的成长历程。因此，在本书的第三部分，我们会把目光投向父亲、兄弟和父母关系对女孩成长的影响。

在第四部分，即本书的最后一部分，我们的重心再次回到未成年女性群体本身，思考自己作为母亲应该怎样顾及孩子成长的方方面面。在具体实践中，我们将如何结合自身经历，从教育、身体感受、自信心等角度着手，在关键之处给予女儿提点和支持。我们还会进一步探讨未成年女性如何在精神上抵御性别刻板印象的荼毒，同时积极行动起来改变现状。为此，我们需要理解女性从婴孩时期到青春期的成长路线，而后在生活中采取相应的行动。

在阅读本书的过程中，您可能看到一些陌生但重要的概念和词语，所以本书在书后为新手妈妈们贴心地附上了词汇表。在阅读某些章节时，您可能感到震惊、深受感动、变得坚强，也可能感到受伤。如果您了解过“女性的历史”，很多的亲身经历和社会现实都会显露不一样的意义。将女性所受的暴力写成文字是一个艰难的过程，而阅读这些文字同样并非易事。书中的部分内容是我的亲身经历，也有一些是我在亲人、同事、患者处的所见所闻。为了保护当事人的隐私，我隐去了包括我的家人在内的所有主人公的真实姓名和处境。因为无论是在书中还是在现实生活里，性别身份和性教育依旧是一个非常敏感的话题，这是一个令人遗憾却又不争的现实，阅读和思考会重新揭开那些我们自认为早已愈合的伤口，也会暴露很多看不见的问题；所以，也请您在阅读时密切关注自己的心理状态。

本书并不旨在传达“先进”的育儿理念，只是希望成为一股推动两性平等的微小力量。这股力量会指引我们越过传统思想的壁垒，成为更好的母亲与女儿。至于实际能走多远，更多是看您个人的付出与行动。但您要知道，单是有改变的愿望，就已经是一种突破了；单是有打开本书的勇气，就已经迈出了很大的一步。如果您愿意，请和我一起踏上这场变革之旅。

目　录

第一章
一个女孩乘风破浪，会遇到多少阻碍？ 001

为什么女性经常出现难以言喻的不适感？ 004

言行背后的深层原因 006

对孩子——特别是对女孩的歧视 010

以男性为中心的世界观对女孩的影响 015

传统的家庭体系到底有什么问题？ 021

女孩们的成长与教育 031

性别差异有多大？ 036

对　话
莫佳·西格尔：翻转世界 044

新一代女孩面临的潜在威胁 046

我还希望你了解…… 049

第二章
我们能教给女儿什么？ 055

教养女儿的第一步：给自己减负 057

家长与孩子之间的纽带——安全感 064

自身经历对下一代的影响 069

母亲的母亲：打破恶性循环 079

战争时期的女性和她们身上延续至今的创伤 080

母亲身上的不同问题 084

▍“她总是那么冷漠……”——患有述情障碍的母亲 086

▍“我的母亲总是太过死板。”——封建保守的母亲 088

▍“我只是她身边的隐形人。”——自恋的母亲 089
▍“难以承受……”——成为孩子的母亲 092
▍“就是很难。”——有其他问题的母亲 093
▍“被遗弃的女儿”——不存在的母亲 094
▍“其他女孩都很蠢，你应该和男孩玩。” ——女性之间的横向暴力（Lateral Violence） 096
亲子关系与伴侣关系 098
视角的改变 099
关于母爱的迷思和重解 101
▍“母爱具有排他性”？ 103
▍母亲并非育儿责任的唯一承担者 106
▍永恒的时间难题 109
母亲的伤口是母女关系的缺口 112
新母亲应该有怎样的新观念？ 118
▍接 纳 119
▍同理心 119
▍自 由 120
▍公 平 120
▍忠 实 120
▍勇 气 121
▍尊 重 121
▍安全感 121

第三章
父亲、兄弟姐妹能在女孩教育中起什么作用？ 123
父母的关系对女儿的影响 124
对 话
尼尔斯 · 皮克特：我的人生合伙人 127
离异家庭 129

为何我们需要“新式父亲”？ 132
在家庭中树立怎样的母亲形象？ 138
兄弟姐妹间的竞争 141
儿子的教育 144

第四章
如何培养向前一步的女孩？ 149

整体认知女儿的成长 150
▍婴儿时期 151
▍幼儿时期 152
对　话
梅拉妮·比特纳：性同意（Consent） 154
▍学龄前期 157
▍小学时期 159
▍青春期 161
培养自我价值感、反抗精神和适应力 166
新生代的自我认知：身体、触碰与性 174
爱情、烦恼、人际关系能力 186
对　话
米歇尔·勒茨纳：爱情之苦 188
网络人生 191
教育决定一切 196

让改变发生 199
当代父母须知 201
致　谢 206

“我不想让妈妈觉得自己不是一个好母亲。以她的标准来看，她就是一个好母亲：她很善良，也很爱我们。是她自身的教育经历让她在我们面前表现得独断专行、充满掌控欲。”

——海莲娜·德·波伏瓦

第一章

一个女孩乘风破浪，会遇到多少阻碍？

母亲与女儿的关系一直是人们谈论、书写的话题，我们也总能在书籍、图片、电影、电视剧里看到人们对母女关系的描绘、渲染——当然，在餐桌上，我们也少不了与好友分享、倾诉亲子关系的点点滴滴。我们会在这段关系中经历幸福与悲伤，也会见证各种幸运与不幸的成长故事。有的母女会在相处的过程中陷入困境，比如波伏瓦姐妹（海莲娜·德·波伏瓦和西蒙娜·德·波伏瓦）与她们的母亲。有许多“千禧一代”的女孩在美剧《吉尔莫女孩》风靡时也对剧中的家庭关系产生过艳羡之情。她们盼望自己能拥有像罗蕾莱那样的母亲，也希望自己能像罗莉一样自信又风趣地处理与母亲的关系：“其实我应该叫罗蕾莱，我妈本来准备让我沿用她的名字。因为她觉得既然儿子能和爹用一个名，那么女儿也能和妈用一个名。她还觉得自己身上的女性主义血脉已经觉醒。”

人们普遍认为母亲与女儿的相处模式会决定下一代的生活方式、情感表达、人际关系、职业发展、恋爱及之后家庭环境的情况——当然，其中很多方面对男孩来说同样重要。精神分析师西格蒙德·弗洛伊德认为，母亲是人类情感发展中的关键角色，并且这一观点也深深地为现代人所认同。而母亲与女儿的关系则由于两者角色的传承、递进而被赋予了另外一个层面的重要意义。这也是我们面对的问题的核心：如果女性在过去的几百年中没有被委以（独自）抚育下一代的重任，如今的亲子关系会产生哪些变化？不同类型的母亲又对亲子间的相处模式有着怎样积极或消极的影响？哪些因素在阻碍两代人的沟通，让母女关系成为个人发展的负担？抑或这些问题本就无解？

很多女性都认为自己在亲子关系中存在着这样或那样的问题，觉得自己没能成为理想中的样子，纠结于过往或眼下的种种矛盾。当此类想法不再是个例，而是一种普遍现象时，我们就要跳出个人框架，思考其中的共性与联系。当我们有意改变这一切，给下一代一个充满爱与自信的全新成长环境时，用广阔的视角看待亲子关系就更为重要了。

“如果有一天，我有足够的信心生育、抚养一个孩子，也相信自己能给她/他足够的爱与保护，我与母亲也许才能真正和解。想到母亲时，我常常有一种温暖又悲伤的感觉。有时，我的内在小孩会突然冒出来，希望能和母亲在舒适的露台上喝杯咖啡，来一场母女间的知心对话。但生活会击碎我所有的幻想，让我认识到如此温馨和谐的场景绝不可能存在于现实中。我自己也很难说清楚是哪些想法在鼓动我重启与母亲的交流，但可以肯定的是，只要我内心的成年的自我还不想跟母亲对话，或还没办法与她谈论一些不愉快的事情，我就不会重新与她建立沟通。”

——妮娜

家庭成员之间复杂的关系是影响家庭关系的重要因素。特别是在过去的几年中，越来越多的情感咨询类书籍开始将焦点放在母亲与女儿的关系上，探讨母爱缺失的影响，研究情感上的虐待。也有很多作者就母亲如何更好地培养和陪伴女儿出谋划策，分析如何让下一代平稳度过青春期等重要的人生阶段。但这类书籍往往过于强调医生与心理治疗师在家庭教育中的作用，忽视了核心问题及问题的成因。影响孩子行为和成长的不仅仅是父母的个人经历与经验，而单从孩子身上找解决办法更是不现实的。和很多其他方面的问题一样，光消除表面矛盾是治标不治本的。只有找到问题的根源，我们才能在行为上做出相应的改变，从而影响孩子的成长。在家庭教育中发挥核心作用的永远是家长而非孩子。

诊询实例

布丽塔今年46岁，有一个儿子和一个女儿。女儿已经步入青春期，常常与她发生争吵，布丽塔担心女儿长大后会讨厌自己。作为女儿，布丽塔与母亲的关系“在情感上非常疏离”。布丽塔出生时，家中已经有了两个比她大十来岁的哥哥、姐姐，她的到来并不在父母的计划之内。在她的童年里，作为家庭主妇的母亲每日都在操持家务，父母关系也并不和谐。之后，家中经济状况有所改善，全家迁至大城市郊外的新居生活，然而，布丽塔无法摆脱因缺少朋友与家庭关爱而产生的孤独感。在一次青春期的争吵中，布丽塔的母亲斥责了她，并说自己只是“为了婚姻与家庭没办法”才生下了她。如今，布丽塔担心自己与孩子们，尤其是与女儿的关系重蹈当年的覆辙。这种担忧在很大程度上是出于她自己在童年不被重视、不被需要的经历和对爱、对感情的畏怯。此外，我们还要代入当时的时代背景以及影响她母亲行为的因素：一个没有地位的家庭主妇，活在没有爱情的婚姻中，不仅无法挣脱婚姻的枷锁，还要在背负枷锁的同时额外受到社会道德的钳制（“良家妇女”婚后不能主动选择堕胎）。但这些事实并不能成为布丽塔原谅母亲的理由，布丽塔也没有原谅的义务。在这个案例中，我们可以看到死板的社会框架给家庭关系带来的消极影响，并且认识到良好家庭环境的重要性。

为什么女性经常出现难以言喻的不适感?

要理解母女关系问题的全貌，就要跳出自我经历，看到大多数人的遭遇。在现代社会中，很多女性都对日常生活抱有不满。对她们而言，生活就像一个不宽不窄的容器，是一个没什么好抱怨的栖身之所，但处处束缚着她们的行动。有时她们甚至摸不清这种感受从何而来，也找不到压力的源头。因为她们对生活没有任何其他想象，只会全盘接纳现有的生活方式。于是，很多女性内心只有一种难以言喻的不适感，而不能确切地说出这种感觉到底是什么。

在男性更容易受到提拔的职场中，我们可能感受到不公和被歧视，会反感一些四处调情的男同事，也会因为公众对男女政客表现出的明显的态度差异感到愤怒。我们与女性好友聊起长长的家务清单时会大翻白眼，也会因各自丈夫不擅长情感表达而感到恼火。生活中有太多的事情能够打破我们内心的防线，使我们受挫、气馁，觉得难以控制事情的发展。而这一切都与我们的女性身份有着千丝万缕的联系。但我们并没有其他选择。

很多人可能已经意识到，女性在生活中遇到的有些困境并不会出现在男性身上（男性面对的往往是其他方面的问题），而我们连体验另一种生活方式的机会都没有。与前几代女性相比，我们很多时候可以感到自由就在身边，但这种自由依旧十分有限。我们依然很难不服从，很难不迎合——我们并未获得真正的自由。美国作家格伦农·道尔·梅尔顿将现代女性比喻为“生于笼圈中的猎豹，她们从未感受过真正的自由与远方，但内心隐约有着对野性、对解放的渴望”。只有直视桎梏与框缚，我们才能开辟出通向自由的新路，为女儿的未来打下基础。因为社会带给女性的拘束感即便再细微也会影响母亲与女儿的互动。

儿童的成长是一个受历史和现实、社会和个人共同影响的复杂过程。教育学家、心理咨询师和医生在这方面的见解和建议有时带有时代的局限。分析波伏瓦姐妹与母亲之间的复杂关系和《吉尔莫女孩》中单亲母亲罗蕾莱与罗莉的相处模式同样要结合不同的历史背景。社会、政治、信仰会影响每一代人的教育与成长；社会结构，社会成员普遍的行为模式、情感表达方式，以及社会给儿童推荐的游戏产品同样是大环境下的产物，带有明显的“性别化”色彩。各种条件和因素彼此交织，阻碍了我们的判断：哪些行为出自个人意愿，哪些行为只是在顺应社会的主流？在哪些场景下，我们会将上一代施加在我们身上的话语原封不动地传递给下一代？在涉及“女性特有”的行为以及社会对母女关系的传统定义等话题时，我们更要结合教育的目标，分析这些现象背后的多重影响因素。

作为成人，我们可以有意识地改变自己的行为。我们可以给女儿多读一些进步女性的故事，为她们购买不带性别偏见的画册；可以让她们看到其他女性的人生经历，感受生活的种种可能；也可以提升自己的抗压能力，避免对孩子过度发泄消极情绪。但行为上的改变并不能触及问题的源头，我们仍然不能彻底摆脱我们所处的困境。事件的诱因、矛盾的根源其实在于我们自己的态度。调整言行只是众多配套措施之一，在行动之前，我们首先要深入自己的内心，剖析自己无意的举动和惯常的思维，探究是什么塑造了它们。要养育向前一步的女孩，我们就要成为向前一步的母亲。没有做好这个准备，我们就无法停止将自身经历投射在下一代身上，孩子的成长也会因此受到限制，亲子关系将变得疏离，实质性的改变也就无从谈起。

言行背后的深层原因

作为母亲，我们应该关注言行背后的含义。有时，一些下意识的行为所传达出的信息甚至与人们的意图完全相反。只有透彻理解了行为之下的核心驱动思想，我们才能从根本上协调自己的所思与所为。喜剧演员卡尔·瓦伦汀有句名言：“儿童无须被教养，因为他们自会模仿。”已故的丹麦家庭治疗师杰斯珀·尤尔也曾说过：“孩子多受益于身教而非言传。”正如二者所言，模仿是儿童的天性，也是孩子童年中的重要活动。言语、手势和眼神能体现一个人的气场，能反映其内在思想，也能影响其自信程度。通过观察父母的一言一行，孩子会感受到父母基于个人经历的、对这个世界的真实看法。同言语一样，我们的身体也是一种交流工具，且这种交流自动、自发，无关个人意愿。在不同的情境中，孩子能从父母的肢体语言中辨识出紧张、顺从、强势或自信等不同的情绪。

举一个生活中的具体例子：在地铁等公共场合，女性坐下时往往会并起或交叠双腿，很少岔腿而坐。这一现象也从侧面反映了女性身上承载的社会期许以及女性对自身角色的表达。这种身体信息在谈话时表现得尤为明显：我们是否敢于直视对方，眼神交流频率如何，每次停留多久？在哪些对象面前我们会不自觉地采取戒备的身体姿态，哪些对象又能让我们完全放松下来？所有这些细微的动作，都能透露我们的情绪感受，以及我们对当下情境中自己角色的判断。做出这些

对男孩：“怎么舒服怎么坐。”

对女孩：“女孩要有女孩样，把腿并拢，坐好。”

动作的根本原因往往存在于我们无法察觉的潜意识层面，但会被敏感的儿童全盘接收，作为构建“女性”或“母亲”等社会形象的第一手资料——正如成人会基于过往经历与社会期许发展出属于自己的肢体语言一样。

强调肢体语言的重要性，并不意味着我们必须过度关注和调整自己的行为——我们要知道非语言表达对自身和他人的影响，从而强化对自己言行的认知。我们要深入表达的核心，就不能只关注外在的表达内容和表达方式，还要思考是什么在影响表达，而表达时有意和无意中传递的信息又是什么。

诊询实例

卡米拉女士和她2岁的女儿一同参加了我针对幼儿开设的游戏与运动课程。在课程中，孩子们可以尽情体验各种各样的运动，而家长们则可以在孩子们沉浸在游戏中时一起讨论育儿方面的问题。一次，卡米拉在交流中提出了一个最近一直困扰她的问题：她发现女儿米娅在大笑时会用手掩住嘴，笑完了才将手放下。她从未在其他孩子身上见过类似的举动，因而有些担忧。其他家长和老师本以为这种动作只是孩子的偶然之举，但在短短一节课中，我们就观察到米娅掩嘴笑了两次，下一节课也依旧如此。卡米拉告诉自己的女儿，她的笑容非常漂亮，无须遮掩，但孩子还是改不过来。在第三次课上，一个家长与大家分享了自家鸡飞狗跳的晨起趣事，引得哄堂大笑。在一众笑脸中，我看到卡米拉以手掩唇——因为她曾经少了一颗下门牙，略大的齿缝令学生时期的卡米拉屡屡遭到同学的嘲笑，也让她产生了自卑心理。这时我们才意识到，米娅是在模仿自己的母亲！发现问题的症结后，卡米拉终于能够更好地理解和回应孩子的种种行为了，也意识到自己应当在一举一动上多下功夫。

随着时间的推移，儿童会逐渐形成一种自我认识，并在这种自我认识的支配下做出各种行为并开展人际交往活动。这就是所谓的自体表征。

自体表征脱胎于儿童在其成长过程中受到的教育和对不同社会角色的认知。要知道，人所经历的一切重大事件都会在其大脑神经中留下痕迹，经验和记忆不断激活和强化神经元间的联结，从而影响思维和行动。我们无数遍看、听、感受、经历同样的事，就会对其习以为常，并视其为理所应当。每个人的日常生活、宗教信仰、思维习惯，无不受到上述循环的影响，无不是自我定义的规范与准则的产物。偏离准则、不同寻常的事物会引起人们的戒备和警惕，从而被刻意（或无意）忽视。同时，被内化的标准会通过父母的言行传达给孩子，潜移默化地改变孩子的思维和行动。但没见过并不等于不存在，对我们而言完全陌生的经历，放到别人身上可能就是再正常不过的事。死守个人的标准和规则，可能使我们丧失跳脱固有思维看问题的能力或意愿。父母偶然的一句话或一个动作，都会被孩子看在眼里、记在心里，从而影响孩子对自我形象的感知和对自身扮演的“正确角色”的理解。

对孩子——特别是对女孩的歧视

我们这代许多人亲身经历了威胁、惩罚、不公平对待，甚至在以虐待为特点的传统教育方式中长大，这种教育方式历经千年传承，对我们生活的文化区域以及区域内的每个个体都产生了深刻的影响。正是这种过往经历决定了我们现在与孩子的相处模式，决定了我们看待孩子的视角以及赋予（或拒绝赋予）孩子多大的权利。在现代社会中，儿童依旧是一个处于弱势地位、权利受限并且缺乏关注的群体。儿童的需求，甚至是他们本应享有的权利，在优先级上低于成人的需求与权利——这就是俗称的“年龄歧视”，一种发生在成年人与儿童之间的权利不平等现象。这种现象会带来一系列针对儿童的其他歧视。

年龄歧视是儿童最早经历的一种歧视形式，受到歧视的儿童会将权利差距与统治关系视为常态，并强迫自己顺应权利差距。这是一个危险的信号，因为一旦孩子认为年龄歧视是合理的，并习以为常，那么其他歧视形式，如性别歧视、残障歧视、地域歧视、种族歧视、教育歧视、阶级歧视等都会钻这种“习惯”的空子，为自己的存在找到借口。美国哈佛大学神学教授、伦理学家伊丽莎白·许斯勒·菲奥伦扎将这种现象称为“塔形权力结构”（Kyriarchat）。这种复杂的金字塔体系“有着明显的阶级分层，上位者对下位者拥有权利上的压制以及各方面的控制权”。

美国学者金伯利·尤里斯汀·克伦肖则发现，不同形式的歧视存在同时性和重叠性。基于这个发现，他提出了歧视存在“交叉性”（intersectionality）这一观点。比如年龄歧视和性别歧视就彼此联系，交叉影响。

“我的大女儿今年将满15岁，她患有先天性失明和一种非常罕见的综合征。作为家长，孩子能否独立自主地生活是我们心中最记挂的事情。当然，社会能否接受不同的存在，能否像对待正常人一样对待残障人士而非采取提防或拒绝的极端态度，这些都是关乎孩子人生的重要问题。数据显示，女性残障人士尤其容易受到不合理的对待，这使我特别焦虑。我希望女儿能够照顾好自己，明白自己与他人之间的边界，清楚自己的想法和感受。我的孩子则表示她目前的困扰是‘所有人都在谈未来，而我只想过好当下的生活’。”

——玛格达

面对各种歧视，相较于成人，儿童更难保护自己，更容易直接将自己代入被歧视者的角色，并将这种角色融入自我认知。他们身上承载的歧视常常是复合、多样的。同面对其他形式的暴力时一样，依赖着亲密关系的儿童并不会将使自己遭遇消极经历的责任归结于旁人，也从不质疑身边人的任何行为。对很多人来说，在成年后认识到父母某些行为的“不合理性”甚至是“有害性”需要一个漫长且艰难的过程。有些子女在成年后依然会替自己的父母辩解，称其行为并未造成不良后果，而事实上，其父母施加的肢体与精神暴力对他们的影响已经到了难以忽视的程度。遭到暴力或歧视的儿童只有将一切责任归结到自己身上，成人的种种行为才能得到合理的解释。在受到性别歧视后，孩子会内化成人的性别观，认为自己只能以符合自身性别特点的方式存在于这个世界，他们的一举一动都应当符合社会既有的性别印象。

儿童的亲身经历

安娜在很小的时候就表现出对各种事物强烈的好奇心和强大的接受能力。她喜欢和哥哥一起拼筑水坝，也像哥哥一样爱好手工。但她的父母，特别是她的父亲，总是反复教育她女孩子不可以这么“野”，希望她能多玩一些“属于女孩的玩具”。安娜在生日时曾许愿，希望得到属于自己的工具箱玩具和卡车玩具，但这些愿望被父母一再忽视。即便如此，安娜也依旧保持着对手工和机械的兴趣，悄悄学习相关知识，最后甚至在大学里选择就读机械制造专业。但如今的她依旧感觉自己不被父母认可。

受到社会既有的性别印象束缚的幼儿会在成长过程中经历诸多限制：女孩要坐姿端庄，必须穿着得体（粉色小裙子），拒绝一切不合适的着装（超短裙）。她们不仅应当花精力打理好自己的一头秀发，还要在进入青春期后思考体毛的去留问题。在没有亲身经历过上述种种限制的前提下，如果凭空出现一个人，要求我们在公共场合坐姿端庄，或指责我们体毛剃得不够干净，又或提醒我们压根儿不该四处乱跑，我们心里是什么滋味？自信、坚定的人会在第一时间对上述无理要求进行驳斥，但也有很多人会无条件地顺从这些不成文的规则。由此看来，歧视与服从已经成了我们自我认知和社会角色中根深蒂固的一部分。

换个角度来看，我们也能发现年龄歧视和性别歧视其实存在着非常有趣的联系：不管多大年纪的女性，即便早已成年，也追求一种“少女感”。早已过了青春期的模特在名模海蒂·克鲁姆口中依旧是“美少女”，我们自己的手机通讯录中也总少不了“小姐妹”这一分组。有人可能说，这只是一种称呼，既然我们对此并不反感，甚至还能从这种刻意减龄的文字游戏里感到被讨好的愉悦，那么这种现象为什么不能被合理化呢？答案很简单：因为言语不仅能够反映现实，而且能够创造现实。

专门研究德语语言与文学教学法的克里斯汀娜·奥特教授认为，“少女”一词一方面代表着青春与无邪，另一方面也暗示了责任的不完全性。正是这种双重词义助长了女性对低龄的崇拜，进而导致了她们对自己外表的过度关注。20世纪七八十年代的“洛丽塔”风潮就是这类崇拜的极端体现：创作者通过将婴孩纯真的特征加在成熟的女性躯体上，从而让性诱惑力与贞洁感彼此交融，合二为一。这种幼女与成年男性间的力量差距会给很多男人带来别样的刺激。“少女感”一词被发明的真正目的，在于否定女性是独立的成年个体，让她们永远将自己置于纯真、娇小、可被驾驭的弱者地位——而我们竟然还要通过自己的外表、对彼此的称呼来证明这一地位。奥特教授由此得出了一个结论：在成年女性身上使用“少女”等词会加深针对女性的结构性性别歧视。

有人可能质疑：给区区几个单词扣上歧视的帽子是否有些夸张？刻意强调差别难道不是反而加深了两性的对立程度吗？是否有必要拿

过去的例子说事？我们自己是否欲求太多，又太过急躁？不用质疑，我们既然将公平与自由当作目标，就必须要注重这些细节上的差异。特别是在当前社会中，各种危机很可能引发新的不公平现象。不平衡的社会体系绝非孕育公平的沃土，只有行动与改变才能促成平等的实现。这里所说的行动可以分为几个不同的层级：先要对现状有清晰的认知，然后要指出存在的问题，同时在群体中交流经验、在着手推进变革前理解每个个案的不同特性。总之，认清自己目前所处的发展阶段是改变的前提。

反思：儿童时期与成人时期的自我形象

反思自己的经历是反思教育的前提。本书的前两部分会不断引导您进行反思，从而帮助您理解是什么影响着您自身以及我们这一整代人。让我们从回顾过往开始：我们在幼儿时期经历过什么，而这些经历又对作为女童或成年女性的我们产生了怎样的影响？请您找出两张自己的照片，一张近照和一张儿童时期的照片。然后在照片上写下或口述照片上的您当时的心境，以及您可能背负的刻板印象、您面临的来自周遭的要求。您当时为何身着那套衣服？您当时的幸福程度如何？

在畅销书《给内心的小孩找个家》中，心理咨询师、作家斯蒂芬妮·斯蒂尔提出了“阳光小孩”和“阴影小孩”的概念。“阴影小孩”代表我们童年的消极经历，这种经历会被我们（下意识地）反映到自己的思维和行为模式中。认识、安抚、治愈自己内心的“阴影小孩”能够让我们更好地梳理日常生活，解决遇到的问题。

请您仔细感受：两张照片有什么区别？您是否随着年龄的增长从一些束缚中挣脱了出来，又有哪些条条框框依旧限制着您的行为？思考后，请再拿出一张您女儿的照片，看看照片上的两个孩子有什么不同，想想哪些消极经历影响了您对孩子的教育方式。

以男性为中心的世界观对女孩的影响

人类社会在数千年的发展历程中逐渐形成了以男性为标准的社会秩序，并在此基础上建立起了与之配套的经济秩序和文化秩序，传统的家庭教育模式与学校教育模式应运而生。我们所说的男性中心主义（Androcentrism），就是这种将男性经验视为遵循准则、将女性经验视为叛离准则的思想体系。现代女性不再处于明显的另类地位，很大程度上是因为人们在评判女性时将她们作为附属品纳入了男性群体之下。比如“他们”这一人称代词，广义上可以指代包含男女在内的混合性别人群，但只用了男性的“他”。除了词性上的概括，生活中大大小小的方面无不透露出“女性附属于男性”的意味，这显然会带来许多问题。

有些人可能觉得此类观点小题大做，过于夸张；但只要我们对现实稍加反思，就会发现人类文明的许多社会领域都是以男性体验为先决条件、向男性需求倾斜的：很多药物在男性和女性身上的效果是不同的，但制药企业在临床测试时通常选择男性作为受试者。阿司匹林常常被推荐用来预防心梗，但良好的效果其实仅仅体现在男性患者身上。女性服用该药以预防心梗的好处不仅不大，甚至还可能损害健康。公共场所的空调温度通常根据男性的感受来调节，但容易让女性感到寒冷、不适。男、女卫生间面积相同，但这并不公平：女性上厕所需要花费更长的时间，在生理期期间要更换卫生用品，带着孩子的女性在等待时长和行动自由度上都处于不利地位。所以，拿女厕所前长长的队伍开玩笑并不有趣。

同样的，受经前期综合征（Premenstrual Syndrome，PMS）影响的女性并不只有“脾气暴躁”这一经常被大众误读、夸大的特征。她们在这个阶段承受的，是痛苦程度不亚于心肌梗死的、实打实的疼痛。这种身体上的疼痛会影响五分之一的女性，妨碍她们的生活。对女性糖尿病患者而言，经前期综合征是巨大的健康威胁。德国糖尿病咨询与培训协会的研究结果显示，患1型糖尿病的年轻女性在经前更容易出现大幅度的血糖波动，因此她们在这一特殊时期通常同时受到来自糖尿病和经前期综合征的双重折磨。此外，汽车中的安全配置在设计时主要以男性的体型特征为依据，这会导致女性在车祸中的死亡率更高。不同性别人群在心肌梗死发作时的症状表现不同，但大部分人平日了解的都是男性发病的症状，因此女性患者发病时往往无法被及时发现，因而错过了最佳抢救时机。

这些宏观层面的问题真的会影响作为个体的孩子吗？答案是肯定的。一方面，我们的女儿出生、成长在这一体系之中，社会标准会对她们价值观的形成产生强大的影响。她们不仅能间接感知到周围女性受到的歧视，而且也会从很小的时候开始体验到男性在各个方面的代表地位和优势地位：在2007年的一项调查中，研究人员比较了来自不同国家共25 439个面向儿童的电视人物形象，结果发现，即便现实社会的男女比例达到了49∶51，但只有13%的非人类角色为“女性”，而在人类角色中，女性角色的比例也只有32%。在本就为数不多的女性角色中，还有很大一部分难逃创作者对性别的偏见，而作为性别刻板印象的代表呈现在荧幕上。

遗憾的是，性别失衡已经潜入了儿童生活的各个方面，和电视节目一样，儿童读物也暴露出社会的性别偏好：研究表明，在2007年、2008年获德国青少年文学奖提名的面向学龄前（6岁以下）儿童的书籍中，很多书都表现出了对男性角色的偏好，更不乏加深性别刻板印象的内容。值得庆幸的是，现在德国幼儿园图书角里的很多儿童读物虽然难免依旧带有性别偏好，但女性角色的出场率已经明显提升，这不能不算一个积极的趋势。

稍微翻阅一下学校课本我们就能发现，被写入教科书的作家多为男性。每个学生都知道歌德写出了《少年维特的烦恼》，却不知道是德国女作家索菲·冯·拉罗什于1771年写作并匿名出版的书信体小说《冯·斯特恩海姆小姐的生平》为歌德的这本经典奠定了基础。不仅仅是语文，其他科目教材的编写也呈现出类似的趋势——德国的整个教育体系都在告诉学生“男性才是文化艺术的创造者，女性永远都是小角色”。女性创作者乃至整段女性解放、奋斗的历史都被刻意忽视，无法在教科书中拥有一席之地。旧时代早已过去？并没有。在知名的《哈利·波特》系列小说出版之前，出版社决定将作者名由原来的乔安妮·凯瑟琳·罗琳改为J.K.罗琳，就是因为不想让读者看出作者的性别，担心孩子们不愿意看一名女性作家写出的作品。罗琳的遭遇并非个例：文学家、出版人妮科尔·塞弗特博士在她2021年出版的作品《女性文学》中对女性在文学中的处境有这样的描述：被贬低、被遗忘、被重新发现。一同被重新发现的，还有女性形象在整个教育体系和文学界中的结构性缺失。诚然，她们的存在被统计在客观数据里，但数字究竟能在孩子心中留下多少印象？研究表明，年幼的儿童往往会将故事中原本是中性的动物角色自动判定为男性，这也侧面印证了女性不受关注、不被重视的生存状态。男性不仅在现实中的科学界占据统治地位，在文学、影视作品中也多被刻画成聪明、睿智的正面形象。在这样的社会氛围下，儿童的认知也会受到影响。在6岁左右时，孩子就会自动将对智力要求更高的工作划分为男性的专属领域。

在一个社会中，男性和女性分别以怎样的方式存在于哪些领域，又在哪些方面通过何种方式发挥作用，这些都是影响下一代世界观的重要问题，会使孩子在很小的时候明白自己究竟属于焦点人物还是边缘人物。彼得拉·瓦格纳——教育学硕士，德国融合教育研究所主任，克服偏见教学法研究小组组长——对儿童心理有过这样一段分析："儿童不是中立的……他们能感知周围的环境，对其进行加工，并在此基础上发展出对自己社会身份的认知。对各种社会现象，他们能够得出自己的结论。在孩子身上，我们有时能清楚地看到不平等的社会关系逐渐被吸纳和内化，最终成为'常识'的过程。"

儿童的亲身经历

几年前，我在公园游乐场的树荫下等着接大女儿放学回家。一旁的婴儿车里躺着我刚从幼儿园接回来的小儿子。孩子正在熟睡，我盼着他醒来，好陪我打发漫长的等待时光。此时，一群五六岁的孩子吸引了我的注意：他们的看护老师和我一样坐在长椅上，看着孩子们自由活动。一些小朋友在沙地里挖出很多深坑，假装那是他们藏身的洞穴。突然，两个女孩的挖掘工作受到了阻碍：一块石制的人行道地砖横插在沙土中。一个女孩试着用铁锹作为杠杆撬起石块，另一个女孩看到后立刻说：“别忙活了，这得靠男孩才能挖出来。”显然，说话的女孩已经默认男孩的力量比女孩更大——其实，不同性别的儿童在力量上并没有显著差异。由此可见，孩子从周围环境中感知的刻板印象会作用在他们自己身上，并从很早的时候开始影响他们对自己的期待。很多父母会刻意让儿子承担更多的体力劳动，对女儿则更加细致、温柔。长此以往，男孩将获得远远超过女孩的锻炼机会。而女孩本身已经接纳了自己的力量不如男孩的“事实”，觉得与其自己琢磨解决问题的方法，不如直接把任务安排给“合适的人”。如果当时沙地中的两个女孩齐心协力握住铁锹，她们可能就知道，仅凭自己的力量也足以移开石块。一旦有了这种认知，日后在面对类似情况时，她们就会对自己更有信心，也更有勇气独自解决问题。

综上所述，我们不难得出结论：以男性为标准的性别社会体系会催生出一系列迎合男性需求、抬高男性地位的文化和社会现象。在这样的大环境下，女性必然处于不利地位，也会因此受到更多的限制。性别不平等长时间得不到正视，一是因为我们一直生活在这种社会系统中，早已习惯了其中的各种现象；二是因为女性的遭遇很难用具体的语言文字来表述：女性很难说清自己究竟遭受了怎样的不公、歧视、压迫，地位的不平等更多时候只是一种模糊的感受，一种持续的不适。当我们要表达却连合适的词语都找不到时，解释权上的不平等就出现了。

伴随着社会的发展，越来越多的新词涌入了公众的视野：“男性说教”（Mansplaining）、“厌女”（Misogyny）、“煤气灯效应”（Gaslighting）、“口气警察”*（Tonepolicing）……女性根据自己的经历不断发明新的词语，揭示性别歧视这一社会问题的广泛性。有时这些新的词语不那么顺口，难以在社会大众中传播，甚至可能引起一部分人的反感。即便如此，这些词语依然有存在的必要，它们是我们定义、区分与谈论问题的重要基础。正如哲学家路德维希·维特根斯坦所说：“语言的边界即世界的边界。”

在抨击“男性需求主导下的社会”时，我们也要明白，男性在施加影响时并不一定是故意甚至恶意的。虽然确实有一部分男性会有

* “口气警察”指在谈论关于压迫的话题时，某人（通常是特权者）将谈话的重点从压迫转移到谈话双方的态度或口吻。口气警察优先考虑特权者在对话中的舒适度，而非弱势群体的受压迫问题。口气警察拒绝倾听弱势群体“被听到”和“得到帮助”的需求，直到弱势群体使用让特权者觉得舒服的言语。在本文这句话中，口气警察指要求女性在男权语境下，以男性认可的方式来讨论女性权益和平等问题。——编者注

意识地（激烈）反对男女平权来维护自己的特权地位，但对大部分人来说，女性的地位“一向如此”，他们只是在服从社会规则、跟随社会引导。并且，就算同为男性，每个个体从这套体系中获益的程度、种类、方式都各不相同；同为女性，每个个体受到歧视的方式和程度也是不一样的。结构性歧视的影响并不限于社会层面，它深入到了家庭，影响着家庭角色的分配和家庭价值观的传递。同时，脱胎于传统社会环境下的家庭也能反过来强化这种结构性歧视。

反思：感受歧视

还记得上一节提到的照片吗？请您再次将孩子与自己小时候的照片拿在手上，仔细观察并思考：照片上的两个孩子在家、在学校、在其他公共场合都遭受过哪些性别歧视？

传统的家庭体系到底有什么问题?

在这一节中，我们将了解男性中心主义的形成过程，探讨父权主义对我们自己、我们的下一代以及其他社会成员的消极影响。“父权”即“父亲的统治权”，显然，这种权利的存在与发展和家庭有着密不可分的关系。随着词义的扩大，父权的主体已经由原来的父亲变成了影响和掌控社会关系网络、价值导向、标准制定的男性群体。政治学家安特耶·施特鲁普在她的论文《怀孕的可能》中写道：“父权……在不同宗教背景、不同历史时期下有着不同的含义。但不变的是，在这种思想体系下，权利、金钱、资源和影响力都被掌握在男性手里。”不管是以前还是现在，父权主义在家庭关系、家庭教育上留下的痕迹都是不可忽视的。

父权主义思想体系不仅决定了我们与他人的关系和相处模式，也影响着我们自身的价值观与教育方式。母亲在孩子，特别是在女儿面前扮演的角色，对女孩的成长与教育往往有着深刻的影响。但在一般情况下，母亲扮演的角色不可避免地带着父权主义的影子。这会阻碍女孩成长为新一代自由、独立的女性。在一段电话采访中，社会学家玛丽安娜·克吕尔表示，父权制社会中的母亲角色是充满矛盾的，母亲和女儿的关系也在矛盾中变得复杂。因为，“‘母亲’在父权制社会中是一个最不可能成为职业的身份，社会非但没有分担‘母亲’的压力，反而用各种条条框框进一步限制这个角色——职场上如此，生活中也是如此”。

男性的中心地位不仅会对个体产生影响，更会由个体传递到他们周围，影响他们身边的社会秩序和大环境。对儿童而言，这种影响更多地体现在自身的发展和教育上。女性地位低于男性的社会结构并非自然形成的，不是一个既定的事实，而是历史演进的产物。从来没有什么是“本应如此”的，家庭和教育都是随着时间在外力和内力作用下不断改变的社会结构的一部分，这里的“外力”也可以源于我们自身。记者安妮·瓦克在作品《我们称之为家庭》中对全世界许多不同的家庭体系进行了研究，并得出了这样的结论：“这种（小家庭）模式符合人类天性与自然规律之类的话绝对是胡说八道。如果认为我们的祖先也像《摩登原始人》里那样以小家庭为单位，围坐在篝火旁，其乐融融，那简直大错特错。”

在步入集体生活后的大部分时间里，人类都生活在混龄的、互相有亲属关系的群体中，并以群体为单位四处游荡迁移。当他们终于开始定居时，社会关系也发生了重大的变革。早期原始社会以母亲为中心，也就是我们所说的母系社会：负责哺育幼子的母亲与她们的幼子构成了一切群体决策的基础。人们根据能力分配任务，小的组织依附于大的社群，并与社群分享自己的一切。每代儿童出生的间隔为3～4年，这段时间足以让一个刚出生的婴儿发展到相对具有独立能力的阶段，此后，幼子可以不再那么依赖母亲，而是由整个群体的男性和女性共同抚养。女性拥有对性伴侣和生育伴侣的选择权，也就是我们所说的“雌性选择”（Female Choice）。

美国人类学家莎拉・布拉弗・赫迪将一些前殖民时代的部族男性描述为“奇美拉父亲”：在那个时代，女性会和不同的男性发生性关系，导致男性无从判断哪一个孩子才是自己生物学上的后代，只能平等地照顾所有的儿童。这样，在一个群体之内，有人负责生育，拥有对后代信息的知情权；也有人完全不知道自己是否有，以及有哪些后代。正如安特耶・施特鲁普所言，男性与女性不同的生理结构其实意味着时间与精力的不对等，因为女性要提供自己的身体作为胎儿发育的温床，还要经历痛苦的怀孕和分娩过程将其产出，并经受各种生育后遗症。但她同时也强调：“生理结构的不对等本身并非问题。它仅对那些不能对此有效回应并感到如临大敌的体系而言才是问题。”

生育责任与教养责任的分配差异居然发展成为社会上普遍存在的严重不公，这中间都发生了什么？生育上的不平等其实可以被理解为父权主义的基础。西蒙娜·德·波伏瓦认为，怀孕和生产是女性天生的劣势，而避孕和公平分配抚养任务则是平衡这种劣势的有效办法。格尔达·勒纳认为，父权主义是在社会的有意引导下逐渐发展出来的。这两个观点都非常重要，它们不仅影响了如今女性主义的发展，也引导大众看到了传统的育儿工作分配对女性而言的不公平。还有观点认为，在私有制出现之前，女性就作为生育工具被压迫，像物品一样被交换、被掠夺，而资本主义的出现和存在将照护劳动排除在价值分配的体系之外，从而极大地巩固了父权主义的根基。

综合上述观点和理论，我们可以推断出，父权制的发展受到不同因素的推动与影响。这些因素彼此支撑、共同作用，最终形成了如今几乎牢不可破的父权主义社会结构。既然女性才是抚养孩子的主体，那“父亲对孩子有绝对的控制权”的社会认知究竟从何而来？要解释这一点，我们就必须先理解亚里士多德（前384—前322年）的理论。

亚里士多德认为，精子在生命孕育过程中起着主动的、支配性的作用，而子宫只是一个被动的容器。继亚里士多德之后，希腊医学家盖伦也将睾丸视为“最尊贵的身体部位”，只属于“更加高级”的性别。负责怀孕的一方承担起了抚养、照顾下一代的全部责任，但胎儿还在母亲腹中时，就已经被划为父亲的所有物，在某种意义上完成了与母体的“切割”。这种思想直到今天都还影响着女性的身体自主权，特别是女性的堕胎自由。妇女虽然承担养育，特别是“哺育”孩子的重要责任，但无论是在家庭还是在社会生活中，她们都从属于丈夫，屈居于男性之下。

> “我告诉别人我有三个姐妹的时候，我最常听见的一句感叹就是：‘可怜这当爹的！’一开始我没有多想，但随着听到这句话的次数越来越多，我开始感到反感。在上面的情境中，如果我再补充一句，告诉他们我本有个哥哥，但他已经不幸去世了，那么那群听众必然又会说：‘这件事对你父亲的打击一定特别大，对吗？’”
>
> ——克洛艾

就连哲学家柏拉图也未能跳出男尊女卑的传统思想，言论间处处透露出贬低女性的意味。在柏拉图眼中，只有上辈子软弱、无能、作恶多端的男人，来生才会投胎成女人。在这一时期的古希腊，男性已经掌握了决策和行动的权利。社会学家劳埃德·德莫斯在他的著作《哭泣的儿童》中研究了18世纪以前的两百多条有关儿童教育的理念，他发现，这两百多条育儿理念中的绝大部分都默许了体罚儿童，并且仅仅赋予父亲和男性教师行使体罚的“特权”。母亲在教育中的存在感可以说非常微弱。此外，虽然我们不排除古代社会中爱情与婚姻兼容的可能性，但正如学者玛丽·马丁·麦克劳林所言，在古代，婚姻在多数情况下“并非幸福的源泉，只是一件不得不忍受的差事”。并且，在婚姻中，母亲永远以忠实、驯服、虔诚、无私奉献的形象出现。

在古代，通过创造男性神明形象，掌权者在民众间宣扬贬抑女性的思想。怀孕和生产的决定权被移交到男性的手中，女性则无权要求避孕、堕胎，她们甚至无法采取任何措施消除或减轻分娩时的剧痛。我们或许都听过这个故事：上帝以泥土造人，赋予其生命并为其取名为亚当；又取亚当的一根肋骨，造出了亚当的妻子夏娃。在这种叙事下，夏娃只是亚当的一个衍生物，其地位自然无法与上帝造出的亚当相比。而挑选的“圣母”形象也必然不可能是受蛇蛊惑、偷食禁果的夏娃，而是贞洁、虔诚、以处子之身生下耶稣的玛利亚。因为只有玛利亚这样的“圣母”，才能为世间所有女性立起高不可攀的道德标准，才能让“母亲”的形象成为男性理想主义在世俗中的投影：女子要有美貌、有德行，要纯洁，还要默默承担起生育繁衍的责任。

“我从小被大家夸金发碧眼，长得漂亮。我很早就开始发育，11岁左右月经初潮。在青春期里，我的身体发育出曲线，我的容貌依旧被所有人赞美，我的胸部和臀部比同龄女孩的更加丰满。但这些迅速发生的身体变化让我感到迷茫，我开始在男孩身上寻求肯定。为了证明自己的魅力，我在13岁时就与异性发生了性关系，体验非常糟糕。对于这件事，我母亲的第一反应是立刻带我去看妇科医生，医生给我开了避孕药。她没有问我当时我是否出于自愿，也没有给我科普任何性知识。”

——莱亚

中世纪时，社会进一步强化了女性负责生育繁衍的角色定位。女性虽然是家庭管理与育儿工作的主要负责人，但充其量只是男性决策的执行者，没有事实上的决定权。新教的出现也未能动摇父权主义的统治地位，男性依旧在知晓女性怀孕分娩危险性的情况下将后代的重要性置于女性之上。比如在1522年，社会上就曾出现过这样的言论：“无法生育的女性是不健康的，只有能够生育的女性才是健康的、洁净的、迷人的。即便繁衍后代可能使她们疲惫乃至（在孕中）死亡，也没有关系——她们就是为此而生的，怀孕与分娩就是她们存在的意义。”

随着社会生产力的发展，人们的生活水平不断提高，女性怀孕越来越早，每胎间隔的时间也越来越短。在1516年出版的乌托邦文学开山之作——《乌托邦》中，作者托马斯·莫尔塑造了一个“理想国家”。在这个国家中女性几乎被挤出了所有社会领域，仅仅为生育与教养下一代而存在。从这种论调中我们不难推断当时的社会观念是怎样的。

安特耶·施特鲁普在评价当时母亲与儿童的关系时强调：“母亲照顾孩子并非出于自愿，她们只是必须这样做。”这里的“必须”指的并非外力的强制，而是女性本身对自己身份责任的认识和接纳。从出生到成年，其间的许多年里，孩子都需要一个能够信任的人来时刻感知和回应自己的需求。具体放到家庭中来看：孩子“唯二”的信赖对象就是父亲与母亲。但父亲必须忙着赚钱维持生计，母亲自然就成为回应儿童情感诉求的唯一人选。长此以往，父亲逐渐退出了抚育下一代的责任领域，照顾和陪伴成为母亲的“专属工作”。当然，我们不能否认父亲与孩子间的亲情与羁绊，虽然各类历史材料对此没有特别说明，虽然这不能改变男女在育儿中分工不合理的既定事实，但我们依然可以凭借基本的人性推断出这一点。16世纪至17世纪，父权主义继续发展，女性被法律排除在遗产继承的范围之外，母亲成为“不能从子女死亡中获益”的一方。母亲在育儿过程中扮演重要角色的事实，逐渐催生出“抚养下一代是女性的生物本能”这一论调，深入人心。

“自然界中，弱者依附于强者，以分食强者的猎物为生。这是男性统治女性背后的自然逻辑。从理性上考量，作为一家之主的男性不能拥有与其地位相匹配的威望与权利，不能运用手段巩固自己的统治，是与其统治地位矛盾的。此外，男性的统治地位也是自古流传下来的，是民族传统的一种。”基于这样的言论和思想，数千年以来，父亲是那个做出生育决定的人，但在抚养下一代过程中拥有相当大的自由度。“母亲”这一身份多与生育行为绑定，而“父亲”这一身份则常与“婚姻”这一概念联系在一起：只有当妻子生了孩子以后，男人才能成为“父亲”。

从1984年开始，亲缘关系可以通过亲子鉴定得到确认。而在古罗马，只有已婚男子才能决定孩子的去留：母亲将新生的婴孩放在地上，只有父亲亲手将其抱起，这个孩子才算正式得到了父亲的认可与家族的接纳。在历史中的某些时期，已婚男性甚至还可以给予其私生子名分。直到20世纪末，对家庭日常事务的决定权都还掌握在男性手中，男性是名副其实的“一家之主”。 到了1900年，父权的绝对统治地位才逐渐被亲权取代。虽然亲权的出现让父母双方都承担起了育儿的责任，但儿童的财产监管权和代表权依旧只能由男性行使，律法也仅仅允许父亲管教和处分子女。1958年，整个德国才废除了家长对儿童的体罚权。律法没有赋予母亲惩戒子女的权利，但母亲可以在父亲的命令下执行管教行为（德国禁止体罚的规定很晚才出

“母性”的迷思

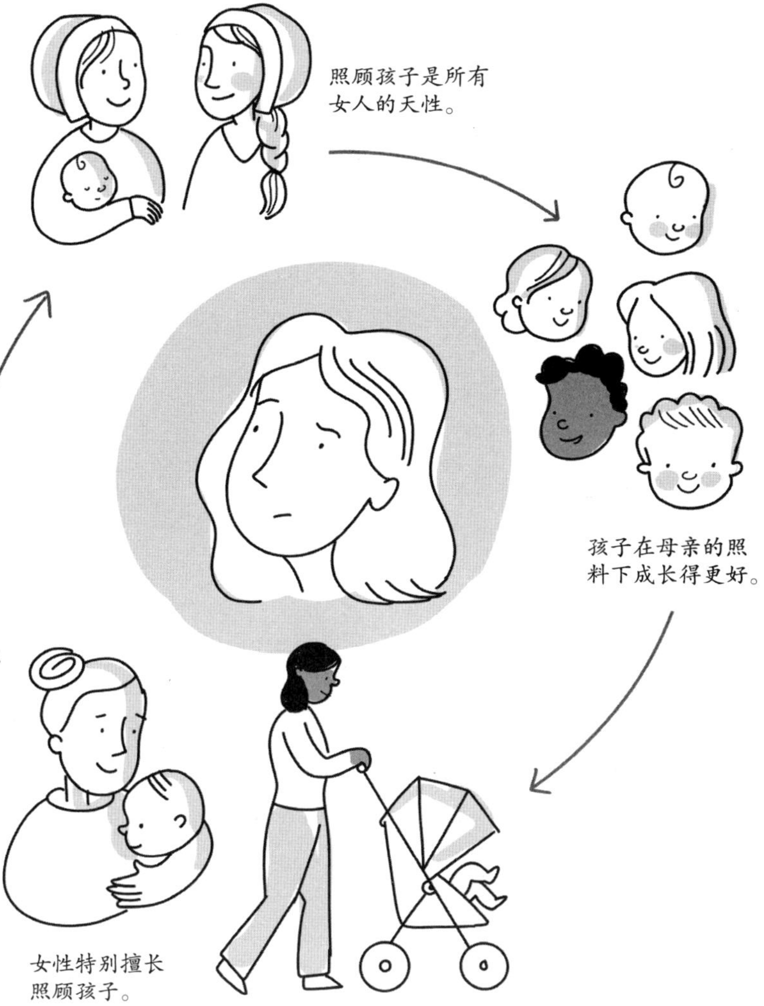
照顾孩子是所有
女人的天性。
孩子在母亲的照
料下成长得更好。
女性特别擅长
照顾孩子。

现）。“等着，让你爸来教训你！”从这句母亲的经典台词中，我们也能窥见当时家庭教育的基本形态。

在德国，离婚后，父母的共同抚养权会发生分割，但儿童财产监管权和代表权依旧仅归父亲所有。1998年儿童监护权改革后，对下一代的监护权才正式落入父母两方的手中。

在过去很长一段时间里，非婚生子女一律由母亲抚养、监管。现在，父亲也可以在提交申请后分得部分监护权。即便如此，抚养儿童这件事对父亲而言依然具有很大的自由和自愿性——在没有形成婚姻关系的前提下，律法并不强制要求男性承认自己的父亲身份。唯一有明确规定的是男性需要为抚养儿童提供经济支持，但就连这一点也并没有得到切实有效的执行。据统计，仅在2018年一年之中，德国国家拨出的抚养费资助就高达21亿欧元，因为很多离异的抚养者无力承担抚养费用。理论上，这些资助会以贷款形式发放，未来是需要偿还的。但真正还款的情况寥寥无几。根据2019年的一项媒体调查，在所有领取补助的人中，只有13%的受助者清还了款项，而这些受助者很大一部分是男性。

在1928年德国废止相关条例之前，丈夫甚至拥有训诫、惩罚妻子的权利，可以以此来凸显自己的地位与权威。1997年，婚内性侵行为才被明令禁止。

直到1977年，在第一次和第二次世界女性主义运动浪潮的影响下，德国才引入了平等的婚姻模式，夫妻双方均可享有工作的权利。在此之前，只有部分地区的女性被允许外出工作，而且前提是工作不影响其家庭与婚姻职责的履行。

反思：质疑原生家庭的父权主义

通过上文的梳理，我们已经认识到父权主义的强势地位及其对社会的深刻影响。在我们的家庭中，又有哪些父权主义的痕迹？请您仔细回顾自己的童年与青春期，盘点期间出现的男性，思考他们在您心中到底占据了何种地位。家庭中的重大事项是由父母中的一方决定的还是民主决定的？如果您发现自己的家庭在财产管理、计划制订和决策等方面确实呈现出父权主义的特点，也不必为此感到焦虑。一般来说，我们只是自然而然地接过了上一辈人传下来的家庭结构的“接力棒”，很多女性未必能够认识到这些现象的父权主义根源，反而会为自己无须操心合同、保险、养老等问题感到高兴。反思并非为了让我们去评判，而是让我们去认识：我们到底活在怎样的环境里？

女孩们的成长与教育

这本书是一本教育书，前文谈论那么多与父权制相关的内容，归根结底要落在女孩的教育问题上。父权主义影响了儿童教育的内容和形式，也决定了儿童所受影响的来源及其与社会中的个体相处的方式。女性并非在成年或结婚后才受制于男性权威，她们是在教育的推动下一路走到父权主义为她们预留好的位置上的。而开启这种教育的，很可能正是（依照父亲及其他男性掌权者命令行事的）母亲。

早在18世纪，欧洲就出现了以教育为主题的书。在这本书中，哲学家雷蒙·卢尔阐述了他对正确儿童教育方法的理解。此后，米歇尔·德·蒙田、约翰·洛克、让-雅克·卢梭、弗里德里希·福禄贝尔、赫伯特·斯宾塞等哲学家纷纷开始发表自己的教育理念。虽然19世纪时已经有女性作者开始在作品中探索教育主题，但这类作者的实际数量非常少。又过了一段时间后，海伦·朗格、奥古斯特·施密特、爱伦·凯、玛利亚·蒙台梭利才通过自己的成功打破了男性在教育学界的垄断。德语出版界也是如此，虽然育儿领域不乏优秀的女性作者，但男性作者仍保有特殊的地位。虽然护理和幼儿教育行业很少能见到男性的影子，但他们似乎比女性更懂得育儿——毕竟早在几个世纪之前，男性作者就开始在著作中大谈怀孕、分娩与教育之道。他们为妇科杂志撰写文章，也常围绕女性展开创作。

弗吉尼亚·伍尔夫在其1929年出版的讲稿集《一间自己的房间》中质问道："你们是否知道，在一年之中，人们写了多少本关于女人的书？你们是否知道，其中有多少本书是男人写的？你们是否意识到，女人或许是宇宙中被讨论得最多的动物？……性别及其本质，自然会引起医生和生物学家们的注意；但是，令人惊讶和难解的事实是，性别——换言之即女性——居然也吸引了其他人士的注意，其中包括受人欢迎的散文家，妙笔生花的小说家，获得硕士学位的年轻人，没有学位的男子汉，还有除了不是女人之外别无明显特长的男人们。"*

---

* 引文按照上海译文出版社 2023 年版《一间自己的房间（伍尔夫文集）》译出。——译者注

从整体上来说，儿童教育在十几个世纪的发展历程中都保持着一种灰暗的色调，偶尔穿插着社会运动带来的亮色。这意味着教育在很长一段时间内就是让儿童按照教育者的期望和喜好成长，服从某一社会系统的运作规律，最终成为支撑这一社会体系运转的一部分。这一驱动链在对女孩的教育上体现得尤为明显：数百年来，女性教育的最终目标是让她们为父权制服务。

在16—18世纪，女孩虽然也可以和男孩一样读书认字，但真正有机会学习读写的女孩非常少，大多数女孩根本没有接受过课堂教育。依据其阶级的不同，一部分年轻女性会选择为结婚生子做准备，另一部分则会去修道院修习。虽然修道院也为修女安排了课程，但科目种类远远少于男孩就读的一般学校。很多小商人的女儿只在修道院或偏远的私立学校接受过学校教育。不过，就算是这样一小段教育经历，也足以让很多女孩在长大后游刃有余地接手男性的工作。她们中的一些人甚至创办了自己的公司，加入了各种女性联盟。在手工业中也是如此：很多女性在丈夫的工厂里帮工。但在法律地位和经济地位上，她们依然依附、从属于男性。虽然在宗教改革领袖马丁·路德的倡议下，部分学校同意接收女孩，但女孩每天只能在学校待一个小时，而男孩可以学满六个小时。

教育、知识、性解放、对女性的仇视在中世纪晚期到启蒙运动的“猎杀女巫”运动中扮演了重要角色。在这大约350年中，数十万名“女巫”遭到残忍的猎杀。直到19世纪下半叶，女孩的教育才有了一定的转变。1893年，德国第一所面向女性的文理中学成立。但女性的教育年限依然非常短，只能通过毕业后衔接师范教育来延长。生物学家特奥多尔·冯·比朔夫在1887年声称，女性的大脑体积比男性小，智力相对有限，无法胜任大学中的研究学习工作；此外，女性花过多的时间在学习上还可能影响她们生殖器官的发育。1908年，女性被允许进入大学学习。但好景不长，随着纳粹主义的兴起，社会重新开始推崇传统的女性和母亲形象。希特勒甚至在他的自传《我的奋斗》中强调："女性教育不可动摇的唯一目的就是将她们培养成为母亲。"在希特勒看来，女孩要先有强健的身体，再有坚定的信仰，最后才有知识和才能。

1969年，社会学家黑尔格·普罗斯在总结德国社会状况时表示，社会已经"克服了对女性教育的抵触心理"。但受教育权只是社会参与权的很小一部分。普罗斯在1979年又撰文批评道："如果一个民主社会中，超过半数的人无法在议院或政府中有他们的代表，那么这种民主必然是非常不成熟的。"

即使在今天，德国超过80%的护理从业者依旧是女性。除了强化女性在抚育、看护方面的职能，父权主义教育还不合理地控制个体性格：社会中的思想普遍认为女孩就应该安静、乖巧、可爱。在这样的价值标准下，女性往往被迫压抑自己的情绪。但长时间的压抑非但不能给社会带来安宁，而且还会带来更深层、更长期的消极后果。人们的思想结构、行为方式开始变化，产生抑郁情绪乃至患上精神疾病成为常态。甚至有观点认为，磨牙等生理行为也能反映潜意识中的愤怒和压抑。传统教育将女性驯化为父权制的维护者，而大多数女性对此毫无觉察。

不管是作为接受者的儿童，还是作为执行者的成人，顺应与服从的教育理念对每个社会成员都产生了长久的影响。历史上很多时候，女孩和男孩都需要服从父母的安排，但父母对女孩的限制要明显多于男孩。历史教育学教授朱莉安娜·雅各比表示，在“母亲”和“家庭主妇”这一目标设定上，女孩自身的意愿常常被研究人员忽视。雅各比表示：“女孩在绝大多数情况下会选择接受父母为其安排的目标和任务，因为社会环境和教育决定了她们的自我认知、她们发展的潜力与可能。如果学校的教育只是在重复和加深社会的传统观念，作为受众的女性就会逐渐接受外界赋予她们的身份，并失去质疑的机会。”

“我今天在打扫卫生间时，突然想起了母亲：我发现她的思想其实是内在矛盾的、分裂的。她一方面希望我的言行符合‘社会规范’，希望我能够压抑自己‘过于强烈’的感情，不‘固执己见’，但同时她又希望我有自己的想法，希望我能走出一条属于自己的路。但当我真的走上了自己选择的道路时，她又开始批评和贬低我的离经叛道。我今天才明白，导致这种分裂思想的，不是母亲的‘说话不算话’，而是她自己的成长经历。因此，我要给我的女儿做一个好母亲，一个对自己的行为负责的母亲，一个勇于改变不公平、不合理的现状的母亲。”

——斯泰恩

每个孩子都有不同程度的好奇心，不同的脾气与个性。压抑孩子天性的教育方式常常导致教育者与儿童的矛盾，因为大人眼中的最佳选择并不一定符合孩子的意愿。教育中的要求与限制越多，就越容易引起矛盾，越可能给亲子关系造成长期影响。而母亲作为家庭教育的主要负责人，管教的执行者，必然是承担这种影响的主体。对此，我们会在之后的章节中进行详细讨论。

性别差异有多大？

女性之所以被赋予特定的使命，往往不是因为她们本身具有与这项工作相匹配的能力，而是因为社会的诱导。诱导之余，社会还会用“天性”等借口进一步将女性与特定任务捆绑在一起。要了解女孩的成长方式和深层需求，我们就要从生物学和神经学角度进行分析，而不能单单从社会历史的角度来思考这个议题。

通过前面几个关于男女体感区别和药物作用的例子，我们可以推断出男性和女性确实存在差异。但这种差异有多大？哪些差异天生存在，哪些是后天影响的结果？差异能否解释不同性别的人群在社会经历甚至地位上的不同？还是如神经学和心理学教授达夫纳·乔尔所说，“大脑不分男女。每个人的大脑都是由‘男性元素’和‘女性元素’共同拼凑而成的”。乔尔在她的作品中进一步解释了这句话的含义：男性和女性的大脑在构造上确实有一定的区别。但在当代社会中，男孩和女孩自出生起就受到不平等的对待，因此我们不能确定他们在行为或认知能力上的区别究竟是天生存在的还是后天影响的。以肌肉为例：男性和女性的肌肉含量不同，这是事实，但社会的刻板印象也是影响男女体形的重要因素。因为家长普遍认为男孩就应该强壮好动，而女孩则应当文弱乖巧，所以他们对待孩子的态度、为孩子选择的锻炼和娱乐方式也有所区别。在语言测试中，女孩通常能获得更好的成绩。人们便由此推断女性更加擅长交际。但很多女孩出色的语言能力恰恰源于父母与之更多的沟通与对话。为什么父母和女孩交流得更多？答案又回到了最开始：因为他们认为女性“天生”具有语言优势，擅长交际。据此，乔尔得出了最终结论：大脑发育受到生理、社会和其他因素的共同影响。

美国神经生物学家莉丝·埃利奥特认为，不同性别间的实际差异并不像很多社会刻板印象强调得那么大。在作品《他们到底有多不同？》中，埃利奥特写道：“在语言能力、好动程度、性格或社会认知等方面‘天生’的差异可能影响孩子，但不会决定孩子的发展方向。”此外，孩子的爱好、生活方式、神经系统在不同情况下的反应和变化等也应当成为我们关注的重点。

结合上面的内容，我们可以得出如下结论：人类在解剖学上可以被分为男性和女性。被划分为女性的人必须完成社会分配的特定任务，除了涉及这些任务的领域，其他社会领域不对她们开放。被划分为男性的人享有更多的优待和特权，是社会的主导力量。社会为不同性别的人群贴上标签，但这些分类和标签并不一定合理。因为，最新研究表明，男女间的差异并没有人们想象中那么大。个人的成长与发展更多地取决于周围环境和机遇。

“开学时，我和其他家长就‘孩子什么时候可以独立上下学’

进行了讨论。对我来说，这个问题的答案取决于孩子对世界的看法及其个人的安全感。但其他家长则认为，男孩可以早点儿独立，自己上学，而女孩则需要更多的照顾，最好还是由家长接送。”

——安娜

绝大部分哺乳动物的体内都有两条决定性别的性染色体。雌性体内的两条性染色体组成相同（XX），雄性体内的两条性染色体组成不同（XY）。Y染色体的存在与否决定了胚胎性腺的发育方向。根据染色体的不同，胚胎会发育出分泌雄激素的睾丸组织或释放雌激素的卵巢组织。男性和女性体内都有雌激素和雄激素，但是男性以雄激素为主，女性以雌激素为主。一般来说，XY 染色体所有者分泌的睾酮量是XX染色体所有者的十倍。男性和女性的体型、生理构造、思维方式和行为方式都会受到睾酮的影响。人体激素的分泌具有周期性，但有时也会受到外界的干扰。环境因素和压力都会导致男性和女性体内激素的分泌量改变。

过去，人们认为睾酮是男性特有的，是导致男性好斗、行为暴力、冒险精神过剩和同理心不足的罪魁祸首。性别研究学者丽贝卡·乔丹-杨和生物伦理学家卡特里娜·卡尔卡齐斯在她们合著的作品《睾酮：为何激素不是一个好借口》中对这类观点进行了分析，并认为这类观点只是社会加深性别刻板印象的一种手段。在美国古根海姆基金会和美国国家科学基金会等机构的支持下，媒介社会学家和生物伦理学家对雄激素进行了详尽而具体的研究，结果发现事实与人们的观点相悖：睾酮不为“坏男孩”负责。很多所谓的“男性特点”是在社会与生理的共同影响下形成的。

生物学家迈克·施托韦罗克曾就睾酮对妊娠过程的影响做过如下阐释：“受孕母体体内的睾酮水平越高，孩子在出生后的行为表现就越倾向‘典型的’男性，但这种表现与他们的生物性别无关。”具体来说，就是在受孕母体睾酮水平较高的情况下，即便胎儿染色体为XX，其在出生后也会表现出更强的“男性”特征：毛发更加浓密，脸部轮廓更为分明，阴蒂呈男性生殖器状膨大，性格也更加顽皮好斗。如果胎儿的染色体为XY，但受孕母体的睾酮水平过低，那么胎儿的生殖器发育就可能受到阻碍，极端情况下甚至会出现男孩没有男性生殖器的情况。不过，学界尚未确定产生影响的激素量到底是多少——这一问题很难像非专业人士所想的那样能有一个明确的答案。母体如果平日激素水平偏低，那么孕期里即便再微小的激素水平变化也会改变胎儿的状况。此外，雄激素遍布全身，很多器官和组织都能够产生睾酮。因此，母体的健康状况也决定着激素的分泌情况。

看上去太过复杂？其实一句话就能概括：个体是由染色体、激素和社会因素共同塑造的。每一个变量都伴随着非常多的可能性。孩子会在对游戏或玩具的选择中展现出其天生的行为偏好。但是随后，社会因素会再次作用于儿童兴趣的发展，而成人则会在社会因素的误导下得出片面的结论，比如女孩喜欢布娃娃，或者女孩不适合学理科。

诊询实例

科迪莉亚有一个3岁的女儿。这位母亲希望孩子能够不受外界刻板印象的影响，自由地成长。在挑选孩子的衣服、玩具、阅读的书籍时，她特别注意选择那些不带传统性别元素的、中性且多样化的物品。但比起玩具汽车、玩具挖掘机，她的女儿莉娜明显更青睐布娃娃之类的玩具。女儿的表现让科迪莉亚感到不安并开始自我怀疑："我的教育理念是否出现了偏差？"因为她的女儿就是不喜欢那些"男孩玩具"。与此同时，长辈的介入加剧了这种矛盾：莉娜每周有两天时间由家中的老人帮忙照看。爷爷奶奶总是支持孙女玩"女孩的玩具"，礼物也只挑"莉娜真正感兴趣的"送。

虽然科迪莉亚给女儿创造自由成长环境的想法很好，但孩子也有自己的偏好和选择。我们的目标并非强迫孩子适应一切，而是要解放他们自己的个性，让孩子有足够多的自由选择的机会。没有哪条规定说女孩一定得喜欢玩具汽车，但她们有权尝试，并认识到这些只是不带任何性别色彩的普通玩具。

不过，更多的情况其实是，那些无法迎合性别刻板印象的人就会在巨大（且不健康）的压力下举步维艰，陷入困境。儿童也不例外，特别是"没有女孩样"和不喜欢"女孩玩具"的女孩，她们往往更容易受到外界的审视和批评。

儿童很早就能判断自己的行为是否符合大众的期望——虽然他们可能无法理解这些标准的含义，也无法有意识地进行反抗。很多孩子会因为自己的不合群而感到不安、被孤立，甚至觉得自己失去了作为人的“正确性”。女孩能感受到旁人态度的区别，并从中吸取教训：我是女孩，我和男孩的权利、义务或发展可能是不一样的。

我们把外界的影响和儿童的自身感受联系起来思考时，自然会产生这样的疑问：如果父母不必时刻考虑孩子的性别以及相应的社会期

望，他们能否以更加轻松、包容的心态对待子女的个性发展？

作为家长，请您注意，是孩子的表现决定了她是一个什么样的女孩，您不应该用传统的女孩形象限制她的行动。成人对儿童的自我认识的影响通常是细微而无处不在的：措辞、对玩具的选择、对矛盾的处理，以及对特定行为的引导或限制。社会学家坎迪斯·韦斯特和唐·齐默尔曼发明了“性别体现”（Doing Gender）这一概念。人们在日常生活中的行为常常受其从社会中习得的性别刻板印象的影响，从而主动表现出性别刻板印象。性别体现普遍存在，又会反过来固化人们对特定性别的刻板印象。

与此相对，学者斯蒂芬·希尔什鲍尔提出的“性别隐匿”（Undoing Gender）则意味着人们用不带性别差异的行为消除自己已经内化的性别角色。性别隐匿的根本目的并非废除性别身份，而是减少其对日常生活的影响，防止性别刻板印象对孩子成长的限制。打个比方：在性别隐匿理论下，出生婴儿是“男”是“女”并不重要，他们穿什么颜色的衣服，玩什么样的玩具也不会是父母关注的重点。幼儿园在招生时不再刻意追求“男女比例”的平衡，而是根据孩子的性格特点进行分组。在这样的环境中，孩子会逐渐找到自己的喜好，家长也能更好地接纳孩子本来的样子。

在彼得拉·福克斯发明的性别三角模型中，个体性别身份是多种因素交织影响下的结果。我们教育的重点并不在于废除一切性别元素，而在于让每个人都能够免受性别身份的禁锢。在冲破刻板印象、寻求思想解放的过程中，我们应避免用性别来定义孩子，而应给孩子留出足够的发展空间。具体来说，就是关注男孩的社会交往能力和共情能力，培养女孩的自信，提高她们对自我需求的关注度。我们要从历史中汲取经验，给现在的女孩创造一个不同于以前的、公平且自由的发展环境。

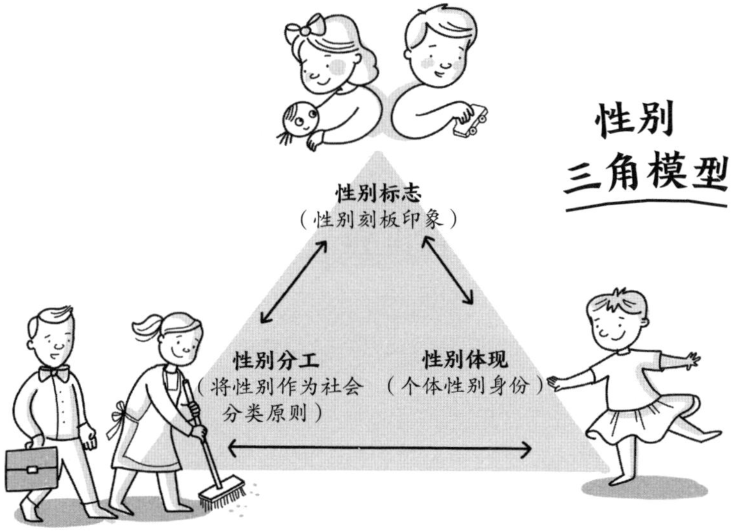

反思：典型的女孩？典型的男孩？

用“典型”来划分特定群体是社会中常见的“贴标签”式分类方法。即便我们认识到这种分类方法会影响个体学习知识，阻碍孩子发展，但我们身边这种带有标签性质的刻板印象无处不在，实在难以避免。在这种社会氛围中长大的人也在习惯和大环境的影响下忽视性别偏见。请您在接下来的一周里摆脱惯性思维，有意识地去识别超市、玩具店、童装店等场所中的性别标签。有哪些引人注意的地方？导购牌使用了哪些图片来区分“女孩”与“男孩”？通过培养、强化这样的中立视角，我们就能越来越多地感受到生活中的刻板印象。

对　话

莫佳·西格尔：翻转世界

莫佳·西格尔于2020年开设了自己的社交媒体账号“翻转世界”，现在已经拥有超过40 000个粉丝。莫佳在这个账号中对传统的性别偏见与刻板印象进行了翻转：没有时尚杂志中常见的泳装女郎，只有泳装帅哥；没有妇女之友，只有男性之友；没有“母老虎”，只有“公老虎”。在她的文章中，人们很容易就能够通过对比发现刻板印象与传统偏见是多么荒谬。

莫佳，你成立这个账号的初衷是什么？

我一直是一个女性主义者，也一直觉得自己具备完善的女性主义理论知识。但孩子的出生触及了我的知识盲区。突然间，我的面前摆满了我丈夫这辈子都不会遇到的问题。在我默默完成家务等各种“分内工作”时，我的丈夫却会因参与一些简单的育儿工作而备受周围人的赞扬。在女儿还很小的时候，各种性别刻板印象就开始在我们的周围蔓延……最终，我忍无可忍了，我开始回击：“为什么来问我？去问孩子的爸爸。”或“如果我生的是一个男孩，您也会对他这么说话吗？”翻转性别刻板印象这个主题本身并不新鲜，但德国此前并无类似的平台账号。我做出了尝试，结果相当成功。

观众对你发布的内容一般有什么反应？

大部分粉丝对这个题材还是挺感兴趣的。很多人还会将这些图片作为讨论/辩论的素材，一些学校甚至还会在教学中加入我文章的内容，以此增强学生的性别平等意识。经常有人写信告诉我，我的图片启发了他们。这对我来说意义非凡。

当然，网络上也不乏批评的声音。有的人会挑剔我夸张的风格或在细节处理方面的偏执。不过在我看来，人们正应当从细节着手做出改变。夸张仅仅是我的个人艺术倾向，毕竟这些内容多少带有一些讽刺现状的意思。

为什么你选择了用幽默/讽刺的方式提醒人们意识到刻板印象的荒诞？我们的社会很需要这种提醒吗？

挺遗憾的。当下社会总会给我一种所有人都被刻板印象统治大脑的感觉：女孩喜欢粉色，男孩喜欢玩具汽车；女人爱逛街，男人爱吃肉。只要有一样不符合人们的传统认知，他们就开始感到惊讶，甚至开口抨击（特别是当男性或男孩带有某些“女性”特征的时候）。不愿接受差异的人还不一定是老一辈的人。就我的个人经验来说，现在的年轻人反而更倾向于表现出固化的性别观念。通过这些群体，性别偏见进一步得到巩固和传播，而传播与“感染”的过程通常是在下意识的情况下发生的——我自己也不能幸免。也正因如此，我一直在研究提高自身敏感度的方法，希望能更早地发现和应对来自外界的刻板印象。基于以上几点，我认为时刻提醒大众意识到刻板思维和偏见是非常有必要的。幽默只是一种温和的手段，让苦口的良药不再那么难以下咽。批判的内容固然重要，但精美的包装也不可或缺。有了抓人眼球的包装，更多的人才会对这个话题产生兴趣。理想状态下，我发布的图片要先逗笑读者，然后再引导他们思考自己发笑的深层原因。这两个步骤是培养平等思维与质疑精神的基础。

讽刺也是一种风格。毕竟我批判的是父权制社会中的一种阶级结构，讽刺能更好地突出矛盾所在，翻转题材因此能诠释各种现象的荒诞不经。我做这些并非为了实现对男性的反向压制，而是希望所有人都能拥有平等的发展机会，都能自信、自然地活在这个社会中。

新一代女孩面临的潜在威胁

在充分了解社会历史及其给女性发展带来的影响后，我们可以发现，与以前相比，现代的家庭教育已经有了很大的改变。一个直观的现象就是，针对儿童，特别是女孩的家庭暴力行为在很大程度上得到了抑制。尽管进步是可喜的，但是我们仍应看到：相较于男孩，女孩更容易成为歧视与暴力的牺牲品，性侵的受害者更多也是女孩。暴力有肢体上的，也有精神上的。但无论是何种形式的暴力，受害者大多是女孩。罔顾孩子本性，强迫其“表现得像个女孩”，或是对孩子的另类大肆羞辱、贬低，都是精神暴力。在面向未成年女性的书籍、杂志上，我们也能非常明显地感受到其内容中对女性形象的刻板定义和对女性行为的干涉。就连大人教训男孩时的那句“别像个姑娘一样！”也是在间接贬低女性的价值。在学校，教师会让女孩坐在顽皮的男孩旁边，试图通过“文静的女孩”来影响“聒噪的男孩”。人们对女孩总是有更加苛刻的着装要求，更加严密的监管，更加严格的门禁规定，更加具有针对性的威胁——“你不想让别人觉得你不检点，对吧？”所有这些比较级的存在，都只因为她们是女孩。

女孩在街头被轻浮的路人骚扰时；女孩被一些社团组织排斥，并以能力不足为由不被接纳时；女孩在家中得不到像男孩那样的宠爱时——我们都能看见施加在她们身上精神暴力的影子。随着信息技术的发展，这种暴力最终在社交媒体上聚集起来，肆意发泄在未成年女性使用者身上：在一项研究中，70%的受访女孩表示，她们在社交媒体上遭受过威胁、辱骂和歧视。精神暴力的受害者会出现行为改变、畏怯不安等表现，严重者甚至可能否定自我价值、患上精神疾病。即便如此，德国社会依然缺乏对相关受害群体的了解，甚至连相关数据都很少。

社会学家南希·伦巴德就儿童对暴力的理解进行了调查。她的结论是，暴力行为不一定当场就能被发现：遭受了暴力的女性可能在一段时间之后才反应过来当时发生了什么。伦巴德还认为，针对女孩的暴力带有一定的隐蔽性，很多小女孩并不认为她们所经历的事情可以被称为“暴力”。她们会说自己被推搡、被排挤、被跟踪、被踢打、被辱骂，但不会说自己遭受了暴力。在这一点上，社会要负很大的责任：社会成员对暴力形式的认知越透彻，他们就越能清楚地描述暴力，也就越能对其进行妥善的处理。如果缺乏这种认知，暴力就会被视为常态，并在受害者成年后转化为对下一代的自然行为。德国联邦刑事犯罪调查局2019年的一项统计结果显示，德国家庭暴力犯罪率与之前相比上升了7.74%，81%的受害者为女性。德国慕尼黑工业大学的一项调查表明，2020年春季，德国全国3%的女性都受到了肢体上的家庭暴力。2019年，德国全国被（前）伴侣杀害的女性数量达到了117人。官方并未给出关于杀戮女性行为（根据世界卫生组织的定义，女性因其女性身份而遭到杀害即为“杀戮女性行为”）案件的数据统计，因为这类谋杀的动机往往并不明确，而德国也并不承认世界卫生组织对该词的定义。人们常将这类案件归结为“家庭闹剧”或“情感闹剧”，但这种说法只会掩盖暴行的恶劣本质。

在德国社会中，不仅以女性为受害者的暴力事件发生率居高不下，社会对遭受暴力的女性（及她们的孩子）也缺乏妥善的安置和保护。妇女庇护所的接纳能力严重不足，导致寻求庇护的女性中有一半人的申请遭拒，无处安身。同时，政府也拿不出有效的预防措施。再加上暴力行为常常发生在医疗、助产或护理行业这类监管的死角，预防、阻止对女性的暴力任重而道远。

综上，针对未成年与成年女性的暴力已经成为德国的社会性问题。遗憾的是，这个问题鲜少被看见、被提及，甚至根本不会被察觉。德国前总理安格拉·默克尔在2020年11月25日（国际消除对妇女暴力日）强调：“我们不能对女性面临或正在经受的暴力视而不见。”但事实恰恰相反，我们正在对日常生活中的暴力视而不见；而因为我们的不作为，这些潜藏在我们和受害者认知盲区的暴力行为又会在之后反复发生。邻居家传来争吵声，但我们将其定义为“别人家的私事”，进而选择不理会、不报警、不拨打妇女家暴救助热线，这其实也是一种对暴力的放任。不管程度大小，这些事情都绝不是别人家的事情，它们与我们息息相关。因为只有我们预防、阻止，暴力才会有终结的一天，我们的女儿才能生活在一个更安全的环境中，顺利、平安地长大。

我还希望你了解……

很多人其实不是特别了解“女性主义者”这个概念。对他们而言，和女性主义沾边的东西多少都带一点儿极端的色彩。当然，如何向别人介绍自己完全取决于您的个人选择。但读过前面的文字，您应该已经对社会环境的强大影响有所认识。您可能燃起改变社会现状的斗志，希望错误不再在下一代身上重演。如果您有这种想法，那么女性主义的火苗便已经在您的心中点燃。与大众的认知不同，女性主义者并非站在男性对立面的女性，她们的目的也从来不是回归母系社会，更不是单纯地作秀。就像我们之前一直强调的那样，社会需要女性主义的存在。只要对历史稍加回顾，我们就能发现，如今以“极端”为由拒绝女性主义思想的人是多么可笑。

当然，女性主义内部还可划分出不同的思想流派，每个时代的女性主义运动也各有其侧重点。但女性主义的核心追求都是自由与公平，并非营造某种女性无条件团结的表象。尽管如此，夸大、嘲讽、抹黑女性主义运动的声音依然存在。在这些人口中，女性主义者丑陋、极端、夸张、固执、无趣、仇视男性、好为人师，堪称女性之耻。女性主义作家玛格丽特·斯托科夫斯基在她的畅销作品中写道：“有人觉得女性主义者像黑夜一样丑恶，但我们本来也从未说过自己有多漂亮。他们觉得我们没有性生活，但其实只是我们性生活的对象不是他们。他们说我们无趣，但女性主义运动本就无趣。有在这里对女性主义运动评头论足的时间，他们不如跟着视频学跳一段尊巴——那样比较有趣。”就拿关于语言性别平等的讨论来说，这个讨论的出发点是让所有社会群体都能在语言使用中得到平等代表，但现在它在德国已经被污名化和娱乐化，成为一种无所谓的谈资。

说到底，女性主义争取的并不仅仅是女性地位的平等，甚至还在为男性争取权利。这对男孩的教养无疑也是有好处的。作家吉吉·博拉在书中写道：“女性主义思想能够减轻男性负担的来自父权制社会的压力，纠正他们脑中对‘男子气概’的一些错误认知，也能在很大程度上改善父权主义带来的政治和社会影响，让男性不至于在扭曲的系统中精神崩溃。归根结底，男性也是女性主义的受益者。”女性主义旨在让所有人获得平等的地位和权利，营造公平的机会，满足每个人的正当需求，因此，女性主义运动也可以被视为需求导向型生活方式的一部分。毕竟下一代对社会参与权、被认可、不受歧视的需求就是我们参加女性运动的根本动力。我们希望自己的孩子可以不受偏见和刻板印象的影响，活出真实的自我。

“我经常能感受到自己身上的巨大压力。我想获取更多信息，进行更多的思考，只有这样，我才能陪伴并引导我的女儿走向一个更好的未来。我希望她能生活在一个不受父权主义影响，不会压抑女孩发展的社会中。这件事难就难在，作为一名女性，我必须成为女儿的榜样，带头走出‘舒适区’，打破陈旧的思想观念。但和其他很多事情一样，这也是我成为母亲后才明白的道理。”

——弗朗西斯卡

或许在当初翻开这本书的时候，您并未想过自己会与女性主义这个话题有什么交集——这并不奇怪，我刚生孩子的时候也没有想过。但随着年龄的增长，我越发能够感受到父权主义的消极影响，也开始研究社会环境对我自身以及对下一代的影响。在这样的背景下，接触女性主义成为一件再自然不过的事情。我并不觉得自己是一个“坚定的女性主义者”，但在某些时刻，我可以坚定地说，女性主义不再与我无关。希望您在阅读完本书后也能有同样的感觉。当然，您也不必给自己太大压力，可以先看看书中的哪些思想能够引起您的共鸣。

反思：说出差异

成年人与未成年人，男性与女性，社会对不同的群体有不同的态度。虽然大部分人都希望社会早已进步，希望区别对待成为历史，但愿望和现实还是存在着差距。消除差距的第一步，就是认识到差异与不公，并将不公的社会现实转化为改变的动力。请您问问自己的孩子，看她/他是否感受到了大人对待男孩和女孩的态度差异？幼儿园阶段的孩子已经能很好地表述差异了。也许您能从他们的口中了解到一些自己以前从未关注过的事情。您也可以给孩子讲述自己的经历与感受，并与他们一起讨论不公的现象、现象背后的原因以及可能的解决办法。请记住，母亲与孩子永远属于一个阵营，所以，开诚布公的态度非常重要。现在市面上有很多相关主题的童书，您也可以用这些书引入这个话题。

“上一代不自由，下一代就无法自由。”

——玛格丽特·斯托科夫斯基

第二章

我们能教给女儿什么？

就像我们的母亲影响着我们一样，成为母亲的我们又开始在下一代身上留下自己的印记。在与别人谈论自己的童年时，母亲总是一个不得不提的重要角色——对我们而言是这样，对我们的女儿来说也同样如此。不论是积极的还是消极的经历，与母亲的关系总会成为我们日后回忆中的一部分。很多女性都希望自己能成为与上一辈人不同的母亲，因为提到自己的母亲时，她们中的大部分人只会想到约束、没有边界的管制、言语或行为上的伤害、不加思考的冒犯、过少或过多的情感投入。也有一些女性会说自己“比较喜欢父亲”，以此来掩盖与母亲间的复杂关系。这些女性自己成为母亲后，更容易纠结自问：“我这么做对吗？还有什么可以改进的地方？”或“我真的很想完美地摆平一切，但我就是做不到。”

人们常说，母亲对孩子的影响总是特别深刻的，母子/母女关系往往具有排他性。但这种排他性会不会是人们自身经历的产物？在上一章中，我们见证了母亲这一角色几个世纪以来的发展。而当我们将自己和上一辈的母亲角色放在大环境下审视时，必然产生这样的质疑：社会究竟为什么如此宣扬与推崇母亲与孩子间的特殊联系？深入思考后，这个问题又可以拓展为：为什么要将一切错误都推到母亲身上？为什么不结合母亲所在的社会条件来重新衡量亲子关系中各方的责任范围？为什么我们不能正视自己身上来自母亲的影响，继而寻找是什么在（潜意识中）驱动着我们的行为？如果要教给女儿某种理念或品质，那么我首先要能回答这些问题：我想教给女儿的这些东西，它们来自哪里？现在很多女孩都隐约感受到母亲在某些方面不能满足她们的需求，这种情况又如何解释？这一切真的只是母亲的责任吗？

亲子关系中的问题不仅数量庞大，而且彼此交织。要研究并解决这些包含了伤害与过错、情感与联系的问题并非易事，因为这些问题都曾发生在我们身上，给我们留下了精神上的创伤。扒开这些伤口有时会令我们非常痛苦，有时则意味着和解或自由，有时还会改变我们对过往经历的解读。将自己的亲身感受与亲子关系放到社会大框架下解读，是我们改变陪伴子女的方式、寻找合理教育思路的前提。这种视角能够减轻母亲施加给自己的压力，也能改变我们对自身能力和诉求的看法，并让我们明白，母亲这一角色真的非常重要。现在的女性只有理解或抚平了来自过去、童年的伤痛，才能更好地发挥其在当今家庭与社会中的作用。

上一章主要介绍了历史中母亲、女性、女儿地位，以及三者角色的变化与发展，论述了女性身份不自由、地位不平等的原因。现在让我们进一步深入，用个人成长经历分析自己与母亲的相处模式。每个人的背后都有一段往事，尽管这种错综复杂的关系仅凭一本书是无法表述完全的，但是我们至少可以总结出一些比较普遍的情况，并运用书中的分析思路对自己的实际情况进行判断。接下来，我们将着手处理一个能够引起大多数母亲共鸣的问题：对失误的恐惧。

教养女儿的第一步：给自己减负

“我好怕搞砸这件事！”这是很多女性常说的，或至少在脑海里常常浮现的一句话。在真正说出口前，我们通常会让这句话在舌尖逗留几秒，因为很多人并不习惯表达自己的恐惧。有时我们则干脆将这句话咽下，并尝试避免令自己恐惧的事情（再次）发生。在通常情况下，“避免”意味着母亲们需要费尽心思、用尽手段，从而保证家中大小事务的正常运转。我们已经习惯了这种内心的紧张与不安、完美主义、逃避情绪以及过度谨慎，并选择对它们视而不见。

上面的感触来自我在担任家庭诊疗师时的亲身见闻。在前来咨询的女性中，几乎所有母亲，包括我自己在内，都有过对自己决策正确性的质疑，有过这种被啮噬般的恐惧。这种恐惧其实是社会对母亲的期望在个体身上的投影，也代表了母亲背负的重担：管理家庭、照顾孩子、承担社会与个人的责任。有时这种恐惧还与我们一直担负压力的成长经历有关。在“出错”这件事上，我们使用的主语永远是第一人称：我。“我”担心“我”会犯下无可挽回的错误。因为“我”是母亲，“我”要负起责任。这种恐惧几乎与母亲这一角色绑定在一起，时刻伴随着这一角色的扮演者。

同时，这也是一种非常难以把握的情绪：我们更多的是害怕整体性的“失灵”——害怕自己不能成为一个好母亲。而过往情感与关系留下的伤痕则使我们更容易受到恐惧的影响。生活中无论大事小情，只要稍有不对，都可能成为引子，促使我们翻出旧账，让感情开闸泄洪，让自己陷入苦思。我们对现状的担忧也许是有据可循的，这是一个回顾自己过往的契机：为什么在“出错”这件事上，我们一定要用第一人称呢?

既然您选择阅读这本书，那么您的心里可能也在暗暗担忧，担心自己不能充分陪伴孩子，担心孩子不能抵御当前与未来的挑战。容易愧疚、害怕失败、担心自己力有不逮——这些担忧和恐惧正是母亲的弱点。但弱点不应该被掩盖，感情不应该被抑制，即便这种情绪本身是消极的，它也能够成为对我们而言非常重要的预警系统：恐惧预示着危险，提醒我们保护自己或他人。如果恐惧提示您不要将自己受过的伤害传给下一代，那么它就是有意义的；如果您在恐惧中察觉到自己已经伤害了孩子，那么它也是有意义的。现代女性在意识到男女平权问题后对孩子的未来所产生的担忧之情也是一种提示，一种帮助。在这些情感的刺激下，我们才会反思、改变、自我赋权。因为担心事情出错，因此我们会寻求更好的办法，做出真正有意义的改变。通过辩证地看待忧惧心理，我们就能将原先的消极情绪转化为进步的动力。在言语上，我们也可以化被动（我害怕……）为主动（我进行了一些改变，因为……）。

面对忧惧心理，重要的是我们要认清其本质并对其进行分类。我们焦虑的本质，到底是一种隐约的“担忧”、难以名状的压抑，还是深刻的“恐惧”乃至突如其来的恐慌? 这种情绪是否已经影响了我们的日常生活? 只有具体分析当下的局面和问题，我们才能调整情绪，积极做出改变，不至于陷入被动。有时，现实的情况反而能让我们放下没来由的畏怯，将精力放在找寻原因和解决问题上——这在某种程度上揭示了母亲的行为哲学。

在第一章中，我们了解了女性地位的历史演变，也认识到了性别偏见同样会限制下一代的成长、发展和社会地位。许多研究也表明，女性会因其性别身份在各个层面处于劣势。因此，身为女性的我们更有足够的理由反抗现状，从而让改变发生。

在上一章中，除了了解提升自己对性别议题的敏感度的重要性，我们也粗浅地了解了不同社会领域中存在的与性别相关的问题。对照诺埃尔·伯奇的 “能力发展四阶段模型”来看，我们已经从“无知无能”（因为压根认识不到问题，所以无所行动）过渡到了“有知无能”（意识到了问题，但尚未理顺解决问题的思路）。接下来，我们将专注于有意识地提升解决问题的能力，用一定的时间和精力掌握一个有效的处理办法。最后，通过反复练习这一方法，让自己形成条件反射，我们将到达举重若轻的最终阶段。曾经错误的相处模式和这种模式产生的伤害会使女性忧虑和质疑自己在下一代成长中发挥的引导作用。而我们要做的，就是弄清这些消极情感的来源，研究它们为何会阻碍我们向下一代传递与以往不同的、现代的女性精神，又为何会成为女性乘风破浪之路上的绊脚石。这里，我们同样需要结合上文提到的能力模型，让认知驱动行为，并最终达到知行合一的境界。

在焦虑与恐慌来袭时，我们可以换一个角度思考：并非我们能力不足，而是社会对母亲这一角色的要求过高，并且“完美”本就是一个不可企及的标准。事实上，拔高大众对母亲的期待，并将下一代成长中的所有“失误”都归咎于母亲这一方，对孩子的教育是非常不利的。现代物理学家马克斯·普朗克*、知名精神分析学家西格蒙

* 马克斯·普朗克在谈及女性大学教育时曾经说过：“我们必须强调女性被自然赋予的生育和家庭职责。自然规律不可违背，否则受到影响的将是我们的后代。”——作者注

德·弗洛伊德都有意夸大了母亲在儿童心理发育进程中的影响。依恋理论的发明者、发展心理学家约翰·鲍比的研究也长期聚焦于母亲与婴儿间的亲密关系，在一定程度上加速了母亲形象的神化，限制了女性在这一角色中的活动空间。社会不断地向大众暗示母亲外出工作的弊端，强调母亲在抚育工作中的重要性，从而使“女性应该为下一代放弃自己的工作”这一论调在人们心中根深蒂固。虽然20世纪80年代就已经有研究表明，婴儿同父亲间同样有着紧密的情感联结，但直至今日，母亲在儿童成长过程中的作用依旧被认为是无可取代的。

在如此沉重的期许下，那些随处潜伏的错误就像悬在母亲头上的达摩克利斯之剑，让我们畏怯、退缩：我们的下一代应该仪表整洁、机敏活跃，他们要吃营养均衡的食物，要受优质、专业的教育，要会社交、能共情、有礼貌。“面子”和“里子”都要顾及，方方面面都容不得任何纰漏，稍有不慎，便有人指指点点：“孩子都这个岁数了，还没教她/他做这些吗？”“我女儿这么大的时候可早就学会了……”“饭店不欢迎没教养的孩子。”“你妈送你来幼儿园之前没帮你梳头吗？”孩子在行为与外表上的一切瑕疵都会被归咎于母亲身上。仅仅因为孩子（或母亲）的行为与外表没有满足通常的标准和期待，社会就会毫不留情地将母亲暴露在他人的贬低、孤立之下。

与此同时，来自外界的伤害和压力又会进一步激发她们对错误的恐惧心理。同样令人头痛的，是平衡满足孩子的基本需求与进一步培养孩子，以及决定孩子接受学前教育的时间和程度。在陪伴孩子成长的过程中，焦虑、不安与负罪感几乎时刻伴随着母亲们，影响着她们的思维和行动。

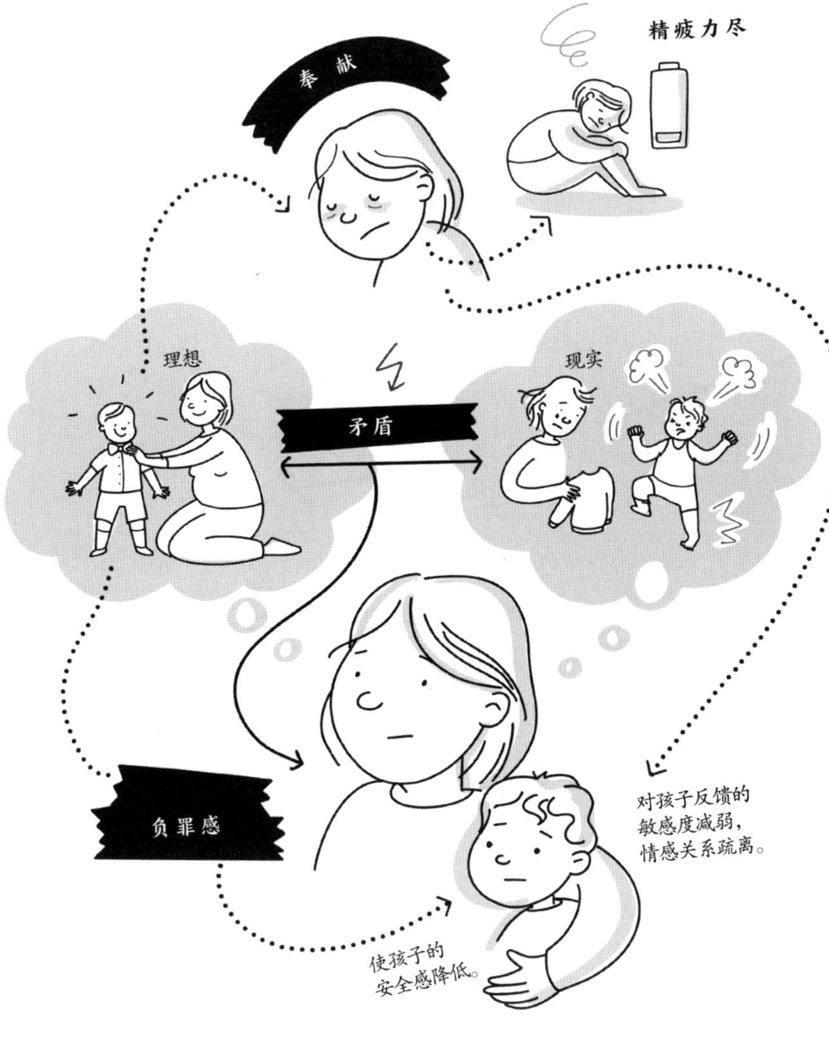
奉献
精疲力尽
理想
现实
矛盾
负罪感
对孩子反馈的
敏感度减弱，
情感关系疏离。
使孩子的
安全感降低。

反思：负罪感

负罪感往往源自社会对母亲角色的过高要求，也影响着我们的幸福感。在负罪感的作用下，我们会放大自己的不足，忽视自己的优点。在将自己与他人或典型样板做比较时，受负罪感影响的人更容易做出消极的判断。但您有没有想过，您身边的其他人是如何看待您对自己的要求与期望的呢？

请您找一些对您而言有重要意义的人，试着与他们谈论您的感受；或者在感到痛苦的时候问问自己："如果那个人看到我现在的处境，她/他会说什么？"我们在成长的过程中会将外界对自己的期望逐渐内化，最终将其转变成一个不断自我批评的声音。关切、珍爱、认可我们的朋友或家人则是一股与之相对的正面力量，在他们的帮助下，我们的心态会大有不同。

我们真的有必要迎合那些高不可攀的标准吗？在给出答案之前，我们首先要明白一个事实：现代社会中生育率降低，单个家庭的孩子数量减少，母亲在孩子身上投入的精力远超以往，这是历史上未曾有过的。此外，现代母亲拥有丰富的信息来源、强大的自我驱动力和相对灵活的工作时间。社会学家朱莉娅·玛丽亚·多蒂·萨尼和朱迪丝·特雷丝对1965年到2012年的11个西方国家的育儿行为展开了调查，结果发现，相较于近50年前的母亲，2012年的女性在养育孩子方面花费的时间增加了一倍。父母学历较高的家庭更是在培养下一代上下足了功夫，遵循着所谓的"强化型育儿"理念。在这样的高度重视下，任何疏忽和纰漏都显得不可饶恕。但“犯错”其实是一个很大的概念，我们要加以细分、具体讨论和判断。除了精神暴力和肢体暴力这类绝对禁止踏足的禁区，很多日常生活中的失误并没有严重到需要我们质疑自己是否称职的程度，孩子需要的也并非一个毫无瑕疵的完美母亲。亲密关系本身是有一定韧性和承载力的，能够应对小（或稍大）规模的起伏挫折。母亲偶尔的错误不仅不会给孩子造成心理创伤，反而会让这段关系更加贴近有起有落、曲折灵动的现实生活。

孩子是敏感的。成人流露出的哪怕一丁点儿的不安都会被他们看在眼里，我们持续不断地自责还会给孩子（以及其他人）留下不自信乃至无能的印象。因此，畏怯潜在的失误会影响母亲陪伴的质量。特别是在母女关系中，我们如果要在孩子面前树立起自信、强大的女性形象，就必须克服这种恐惧心理。时刻顾虑自己“是否称职”，害怕自己“做得不够”，对我们自己而言是精神消耗。要求越高，越难达到，我们也越容易坠入失败的沮丧和愧疚。下次您如果再“害怕”做错什么事，不妨问问自己：这个“错误”对孩子来说意味着什么？为什么我特别顾忌这件事？看清孩子真正的需求，我们才能相应地矫正自己的心理和行为。

反思：我的恐惧

学会坦诚面对、正确处理自己的畏惧情绪是母亲们克服心态难关的重要一环。您可以思考和总结自己焦虑的本质，将它们记录下来，并留出相应的位置以填写应对和克服的办法。本书包含了应对大部分常见消极情绪的方法。比如下一节中，我们就会介绍如何克服极端追求完美的强迫心理。我们甚至还可以通过一定的练习，抑制自己大脑中关于女儿遭受袭击或性侵的妄想。

家长与孩子之间的纽带——安全感

现代研究一致认为，儿童在亲密关系中真正需要的是一个能够给他们关爱和安全感的依赖对象。这个对象要能够敏锐识别、正确理解孩子发出的需求信号，并做出合理回应。只有这样，儿童才能与父母建立起稳定的依恋关系，从而令亲子关系得到更好的维系。不同年龄段孩子的需求在满足时效上也有所不同。通常来说，婴幼儿的基本生理需求应当即时回应，而大一些的孩子需求则可以在给出明确解释的情况下适当延后处理。父母在与孩子的互动中满足他们的需求，孩子则会在这个过程中建立起对父母的信任，同时还能学会更好地表达、认识和把握自己的感受与诉求。随着时间的推移，我们就能熟练地识别出儿童特定的行为信号，看到他们的深层次需求。

此外，成人回应孩子的方式也影响着二者关系的质量：正确识别、解读和反馈行为信号能够促进双方的信任，提高亲子关系的稳定性；但如果孩子的需求经常被拒绝、被忽视或得到错误的回应，那么他们对父母的信任也会随之动摇。在更极端的情况下，成人对儿童施加的暴力和虐待会让二者的关系彻底扭曲。通常来说，社会中55%的儿童与父母间保持着稳定的信任关系，15%的儿童存在不安的倾向，10%的儿童处在令他们感到矛盾不安的关系中，15%的亲子关系非常不健康。

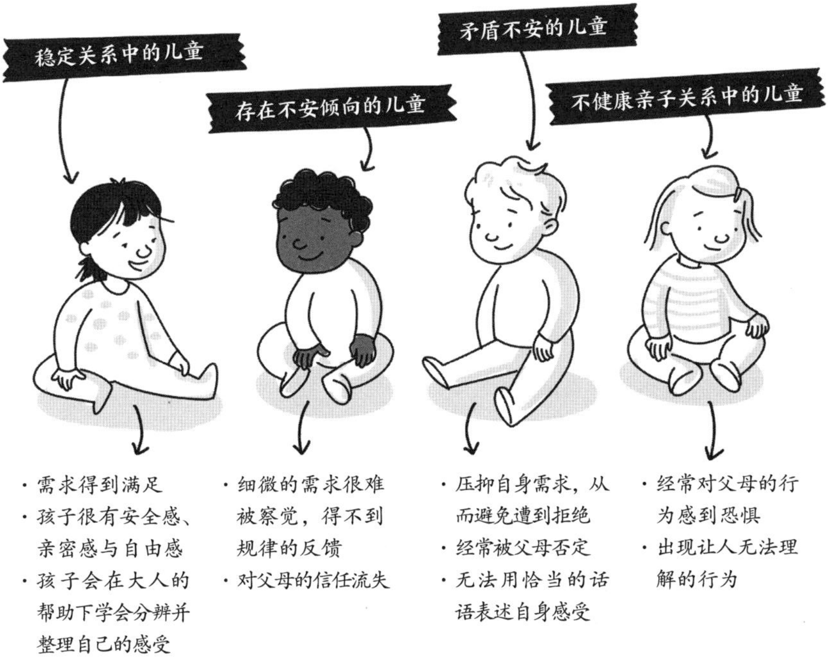

稳定关系中的儿童
存在不安倾向的儿童
矛盾不安的儿童
不健康亲子关系中的儿童
· 需求得到满足
· 孩子很有安全感、亲密感与自由感
· 孩子会在大人的帮助下学会分辨并整理自己的感受
· 细微的需求很难被察觉，得不到规律的反馈
· 对父母的信任流失
· 压抑自身需求，从而避免遭到拒绝
· 经常被父母否定
· 无法用恰当的话语表述自身感受
· 经常对父母的行为感到恐惧
· 出现让人无法理解的行为

孩子不仅需要安全感与亲密感，他们也需要自主意识和自我效能感。父母不仅要当他们踏实可靠的后盾，也要给他们自由发展的空间。孩子的成长就是一个亲密感与自由感交错循环的过程。他们向前探索，获得新的发现，然后回到家人身旁，为再次出发做准备。孩子的年龄越大，每次循环的时间线就会拉得越长。但作为父母，不管孩子多大，我们都要向他们敞开怀抱，信任、理解、尊重他们的想法与选择。

美国学者、“安全感圆环”理论创始人伯特·鲍威尔、格伦·库珀、肯特·霍夫曼和鲍勃·马文认为，父母应该在儿童面前表现出强大、智慧、温和的姿态，并尽可能地满足孩子的需求，主动掌握亲子关系的引导权，让陪伴渗透到孩子人生的各个方面。我们要配合孩子，理解并接受他们的观点和需求，同他们一道探索并感受人生。同时，作为看护者的我们也要承担起领导的责任，在孩子能力不足或迷茫不安时为他们托底，给他们抚慰。虽然“安全感圆环”在孩子婴幼儿时期体现得较为明显，但支持和鼓励同样适用于需要亲近感、自由感和安全感的青少年。遗憾的是，过度的自我怀疑令很多现代母亲在安全感的传递上有一定的欠缺。

自由的边界会随着年龄增长而不断扩大

把握好亲密感与自由感的度并不容易。有的人不善表达情感，有的人很难真正放手——自身经历给我们带来的弱点与阻碍会在我们与下一代的关系中重复上演。在接下来的章节中，我们会进一步探讨过往经历对我们如今所担任的母亲角色的影响，判断自己的弱点究竟靠近过度亲密与过度自由这两极中的哪一端，并据此找出适合孩子的个性化应对方案。

同其他亲子关系研究领域的学者一样，“安全感圆环”理论的创始人也认为亲子日常相处中出现小摩擦是完全正常的，它们并非影响亲密关系质量的决定性因素，更重要的是我们与孩子相处的氛围以及与他们建立情感联系的方式。依恋理论表明，孩子的心理状态在很大程度上是父母的思维与态度代际传递的结果。我们与孩子共同生活，一起面对各种各样的场景，他们就会从中学习我们的处事方式。单个的事件或问题并非影响儿童心理健康的主要因素。也就是说，孩子需要的不是“完美”的父母，而是对他们而言“足够好”的父母。我们要让孩子明白，矛盾并不可怕，小小的起伏反而可以提高亲子关系的质量。在这种富有韧性的稳定关系中，孩子才能更好地接纳自我与他人。

上一辈人对“错误”的态度通常是逃避和掩盖，深知这一切弊端的我们更应当认识到真诚的重要性。父母要能承认和接纳自己犯错的事实，并通过沟通和解释获得孩子的理解和谅解。“人非圣贤，孰能无过”，“知错能改，善莫大焉”——这才是我们理应以身作则教给下一代的道理。如果犯一次错能换来下次行动前的深思熟虑，这个错就算没有白犯。即便下次还是不能尽善尽美，“错误”本身也是一个值得我们与孩子一道讨论的主题，利用讨论的机会，我们和孩子还可以拉近彼此的距离。

我们的压力来自过高的自我期待，而实际上孩子们并不在意父母偶然的失误，他们的成长也不会受到这些小插曲的影响。真正重要的是我们言行中传递出的价值观念。比如，女儿对女性的理解和看法绝大部分承自母亲。我们必须不断吸收先进的价值观、性别观，并通过日常生活中自然的言行将其传递给下一代。孩子在幼儿时期与父母的关系会在很大程度上影响他们日后的人际交往模式，对儿童未来的情感发展而言意义重大。孩子秉持的自我认知、自我价值，拥有的安全感，全都取决于亲子关系以及整个家庭关系的质量。积极的亲密关系不仅可以增强儿童抵御挫折、承受压力的能力，从整体上促进儿童的心理健康，还能在儿童与他人的交往中产生良性辐射，帮助他们建立良好的社会关系。在学校里，开朗、自信、充分信任老师的孩子更容易取得较好的学习成绩，这就是侧面印证优质亲子关系作用的一个典型例子。

反思：摸清问题的走向

在育儿过程中，遇到困难是很正常的。我们能做的，就是总结问题背后的规律，不断优化解决办法。我们应该抓住那些反复出现的问题的症结，并学会分析亲子关系中各种现象背后的成因。我们要顺应孩子的天性，在恰当的时候给予他们支持和指引，同时尊重他们的独立性。很多家庭矛盾的根本成因其实可以概括为两方面：一方面是情感/肢体上的亲近和交流受到阻碍，另一方面就是个体自由受到限制。您可以结合自身实际情况，在指南针上标出问题领域的走向。

自身经历对下一代的影响

“安全”和“自由”是儿童成长发展中的两个关键词。作为父母，我们陪伴孩子的一生，回应他们的各种需求，在物质和精神层面支持他们的发展，这就是“安全”的含义。这里所说的需求，不仅仅是生理层面的吃、喝、睡，更是在社会和个人层面并存的情感需求：支持、关怀、尊重，甚至还包括对整个人类社会的正面认识。儿童的需求通常建立在连贯的底层逻辑之上。只要频次不高，持续时间不长，偶尔的忽视和拒绝都不是什么大问题。真正值得警惕的是在特定领域出现的整体性交流障碍，这才是阻碍孩子情感发展的“元凶”。

要避免这类问题的出现，父母就要认识自己的“盲区”，同时采取措施平衡其带来的影响。我们之所以难以满足孩子的需求，很大程度上是因为我们自身的童年经历。虽然人的行为模式会随着时间发生改变，但童年的经历对人行为的影响是非常明显的，特别是在没有对过往经历进行“心理加工”的情况下。我们的生命始于父母，而孩子出生后，我们又以不同的姿态站到了生命的起点上——这一次，我们可以自己决定故事的走向。

“因为我自己小的时候没有什么玩具，所以我允许女儿拥有成堆的玩具。即便我知道她可能肚子疼，但我还是没有阻止她连吃三个冰激凌，因为我不想对这些稀松平常的事情加以限制。我的女儿任性妄为、独断自我，因为我不敢，也没有理由说‘不’。幼儿园一放学，我便追着她问这问那：是谁陪她上的厕所？又是谁给她换的衣服？就算家离学校只有步行五分钟的路程，我们也不让她一个人上下学。我（和她爸爸）时刻追踪她的手机定位，并非因为我们不相信她，而是因为我们对自己没有信心。因为小时候孤立无援的感受太过深刻，所以我不希望女儿也有这样的经历。而所有这些操劳的根源都是我（！！）对失败的恐惧。我也不想让自己的焦虑和担忧影响孩子，但我无法控制自己。”

——劳拉

从上文中，我们可以看到现代亲子关系、亲子教育中的一个非常重要的问题：父母在与孩子的相处中很少真正关注他们的现实需求，而多以自己的需求为导向。而这样的相处模式又会改变我们对自身需求的看法和态度，影响我们的价值感和自信。遭受过精神或肢体暴力的人会强迫自己在思维和行为上迎合特定的角色需求，从而很难活出真实的自己。现在我们都知道，孩子的每一种表现背后都隐藏着特定的需求。虽然我们可能觉得孩子的某种行为很“离谱”，但这或许只是因为孩子的需求超出了我们的认知，并不一定意味着他们的行为是错误的。过去的父母常常将孩子的特殊举动当作偶发事件，不予重视。父母往往只关注行为本身，而忽略了行为背后隐藏的孩子的需求。与此同时，我们还要注意避免越界，因为经常性的越界会导致孩子丧失与他人的边界感。比如，在侵犯了别人的边界后说："又不是什么大事！""反正对我没影响！"都是典型的不顾他人感受的言论，通常只会出现在没有边界感或是在情感匮乏的家庭环境中成长起来的人身上。

父母反复做出超出儿童自身需求的举动往往意味着儿童长大后很难发觉自身的愿望与需求，更不用说去实现它们了。如果幼时没有体验过来自他人充满信任感和安全感的关怀与照顾，那么我们在长大后也很难与他人建立深层次的关系，并会因此对自己的生活和社会交往产生持续的不满。

不重视孩子的需求在老一辈人身上体现得尤为明显，特别是在吃饭的规矩上：孩子吃完了饭，就给他们一块甜点作为奖励；要求他们乖乖坐好，直至饭毕；按时间表而非按孩子的需求哺育婴儿，诸如此类。上厕所也是一个典型的例子：尤其是在托儿所等儿童托管机构中，保育老师常常要求孩子在固定的时间上厕所；孩子必须一直坐在马桶上，直到终于"拉出点儿什么"。对年龄特别小，需要午睡的孩子，老师们也常常不顾他们对陪伴的需求，放任他们大哭直到力竭睡去。上述以及其他许多未举出的例子都说明社会并没有主动将孩子的需求放在首位，而是要求他们反过来适应家庭或机构中早已存在的框架制度。这种对需求的持续性忽视时常伴随着精神或肢体上的暴力，很容易演变为行为控制，进而引起孩子在自我价值认知、情感处理、社会交往和精神心理上出现诸多问题。

需求与情感密不可分：需求得到满足，我们会感到舒适；而需求未能得到满足，我们则会难受。如果需求得不到满足，并且没有获得正面的情感反馈，孩子就会向看护者发出信号，试图引起注意。但如果家长或老师没有重视或错误解读了儿童发出的信号，二者间就会出现一个消极的行为怪圈，并最终以孩子的放弃收尾。即使在成年后，这些孩子也不会再重复当初的尝试，而会彻底退缩或绕道选择其他的方法来满足自身需求。

忽视需求所带来的影响是双向的。无法理解和回应他人需求的人会逐渐失去对自己的感知，也不再重视自身需求，最终丧失（妥善）自我照顾的能力。我们只有在与信任对象的相处中才能学会认识自己的感受。如果童年缺失了这一块情感拼图，我们就很难成为孩子的榜样，也无法对孩子的需求做出恰当的回应。

诊询实例

母亲萨比娜为了改掉女儿基拉挑食、不爱吃饭的毛病，带着3岁的基拉来到了我的诊所。基拉吃得少，又挑剔，几乎完全不吃蔬菜，这让萨比娜非常苦恼。但基拉的挑食问题并没有到进食障碍的程度，而且孩子在幼儿园或在爷爷奶奶身边时这一问题能够得到明显改善。然而，女儿的吃饭问题已经明显影响到了小家庭的日常生活。萨比娜不想逼孩子吃饭。在萨比娜小时候，她的父母要求她每顿饭都要把饭菜吃干净，导致她的体重一度超标，遭到霸凌，直到现在，她对自己的身材还怀有很强的自卑感。这种童年经历使萨比娜对女儿的日常饮食过分谨慎。虽然有些人可能生来味觉就更敏感，属于“超级味觉者”，基拉有可能是出于这个原因挑食的，但这并非我们讨论的重点。重点是萨比娜自身的童年经历与孩子异常饮食习惯之间的联系。来自社会主流审美的压力使萨比娜担心自己小时候遭遇的霸凌会在女儿身上重演，从而使女儿产生行为上的改变。在这个案例中，母亲可以采用心理疗法放下来自童年的恐惧，让母女回归正常的交流模式，为问题的解决奠定基础。

不能正确回应自身需求还会带来另一个常见于女性的问题：煤气灯效应。这个概念最早出现在1938年的话剧《煤气灯》中，是剧中女主人公承受的多重精神暴力的代名词，现在多指受害者被他人操纵情感，逐渐产生自我怀疑并丧失自尊的现象。煤气灯效应常见于各类性别歧视的案例和一方为自恋型人格的恋爱关系中，同时也是儿童虐待的一种形式。施虐者通过曲解感情的含义来强迫受害者接纳错误的解读，削弱受害者对自我价值、能力、情感的认知，或使受害者背负本不应该存在的负罪感。煤气灯效应不仅可能导致受害者出现严重的精神问题，而且会洗脑般地改变受害者的世界观，让他们无法逃离自己心中扭曲的世界。

父母传递的错误信息会影响孩子的认知和行为。从小被灌输“打是亲、骂是爱”这种观念的孩子，总有一天会停止反抗并认同暴力是一种合理的相处模式：辫子被随意拉扯是因为“一头长发招人喜欢”，被男性不断骚扰则是因为“裙子太短”……孩子一旦认同这类解释，就会下意识地将引发问题的原因归结到自己身上。我们实在不应该，也没必要事事都急着怪罪自己，这样只会导致负罪感不断累积，最终引发我们对自身行为和感受的怀疑。

早在孩子尚未出生时，我们的预设和期望就已经开始。是儿子还是女儿？她/他会对什么感兴趣，为什么？我们会在脑海中模拟与孩子一起生活的场景，会提前买童装、装修儿童房或在家中规划出专属于孩子的一角，会收到亲朋好友同样附带着各种期望的礼物，并在心里绘制亲子关系的蓝图。一方面，对未来有所期待是好事，这说明我们已经在心理上做好了陪伴孩子的准备；但另一方面，过于具体和刻板的想象很容易与孩子出生后的现实情况产生冲突。也许孩子不能很好地契合我们的期待，这时，憧憬与现实间的落差就会给建立亲密关系带来消极影响。旁人对孩子性别的猜测和议论也可能干扰父母的想法，阻碍他们与孩子的沟通和理解。

“刚发现自己怀孕时，我特别希望肚子里的是一个女儿。但天不遂人愿，我生下一个儿子，现在他已经6岁了。事实上，光是写下这段自白，我都在心中苦苦挣扎了许久——我太羡慕、太嫉妒那些拥有女儿的母亲了。我羡慕独属于母女间的那一种亲密，也害怕男孩长大离家时的果断与决绝。我也注意到，在我的大家庭中，对已婚男性而言，相较于他们自己的父母，其往往与女方家庭的关系更紧密。这种恐惧甚至让我放弃了要第二个孩子的念头——我怕自己又生出一个男孩。我爱我的孩子，但我知道，社会对他与对女孩的要求是不同的。”

——西蒙娜

对孩子做出局限性的预设也会影响亲子关系，特别是母亲与女儿间的关系。如果自己的女儿像一个“野小子”，或者性格爱好不符合大众对女孩的普遍期待，那么我们很可能因为心理预期落空而失落或者不满。在孩子的青春期，传统思想对“性”“避孕”“友谊”等概念的保守理解也会激化家长与孩子的矛盾。我们基本可以确定，不管在哪个年龄段，父母过分局限的心理预设和主流社会的压力都会向孩子传递他们不够好/不正确/不被爱的消极信息，从而阻碍儿童身心的健康发展。外界暗示导致的自我认知变化还会在短期或长期内影响孩子与他人的社会交往。特别是在现代社会中，我们的女儿更应该学会独立、

自尊、自信地生活，用强大的内心打破社会对女性自由的束缚。如果对自己足够自信，主流女性审美压迫、冒充者综合征就无机可乘，女性也不必通过过度付出讨好他人。尽管社会对女性的压力在短时间内无法完全消失，但是良好的心态能够在一定程度上提高我们的抗压指数，增强我们抵御压力的能力。稳定、和谐的亲密关系和由此产生的自信正是培养孩子对社会现状的反抗精神的重要前提。在母亲的示范作用下，孩子也能学着正确面对和化解压力，不轻言放弃。我们可以通过实际行动告诉她们，盲目跟随主流审美不可取，并和她们一起探讨此类现象的成因和解决办法。我们还可以向她们讲述和展示我们的生活之道：我们是如何谋求职业发展，又是如何参与家务劳动的。

直面过往的创伤并主动对其进行消化、加工是非常困难的，但这是带领孩子自由成长的必经之路。只有打破性别偏见，摆脱“社会对女性的期待”，我们才能培养出独立和追求平等的下一代。过去的几十乃至几百年间，社会对不同性别的人群提出了不同的要求，限制了孩子的发展。一个典型的例子就是社会对不同性别的刻板印象：男孩应当强悍不羁、敢于反抗、不轻易动感情，女孩可以多愁善感、要体贴、能忍让、不挑不拣、知足常乐。这些用以划分“男孩”和“女孩”的标签阻碍了个性发展，放大了性别差异，影响了社会对待女性的态度，也令伴侣关系和亲子关系产生了微妙的变化。

在温和、顺从、充满牺牲精神的人物设定下，女性必须学着压抑愤怒、隐藏攻击性、放弃决定权。母亲在外貌上特定的审美追求很容易成为女儿眼中唯一的标准。似乎只有符合这些标准，女儿们才不会被排斥，才能融入大众。虽然现代社会中患进食障碍的男孩的数量也在增加，但大多数患者依旧是受主流审美压迫的女孩。“柔弱”一旦成为女性专属的形容词，社会就会以此为借口限制她们的自由，干预她们对新事物的探索。如果作为母亲的我们在潜意识中认定女孩遭受骚扰、虐待或性侵是因为她们“穿着不得体”，那么这种思想便会通过我们的言行举止渗透到孩子的心里。稍后我们会提到，上一辈或祖辈在遭受（性）暴力后遗留下来的创伤，是如何通过语言或非语言形式传递给后代的。

发生在女性身上的（性）暴力行为并不少见。一项德国由联邦政府相关部门组织的调查统计了2004年发生在德国的针对女性的暴力事件，结果显示，德国三分之一到二分之一的成年女性都遭受过肢体暴力，约七分之一的女性遭遇过来自熟人或陌生人的性侵。当事人在遭遇此类事件并得不到帮助的情况下，很容易产生心理创伤。大部分人的创伤会随时间淡化，但仍有约30%的受害者会发展出创伤后应激障碍，无法正常生活。如果此类暴力事件（比如家庭暴力、虐待）持续时间很长或反复出现，被施暴者就得不到喘息、恢复的机会，其精神负荷就会不断累积。由于她们必须时刻提防下一次暴力，其神经系统会一直处于应激状态。因此，长期遭受暴力的人很容易出现恐惧、不安、易怒、失眠等症状。对此，心理学上有一个专门的术语：过度觉醒（Hyperarousal），即中枢神经系统持续过度活跃。易受惊吓、注意力不集中都可能是过度觉醒的表现。很多人在事发当时并不知道自己已经受到了精神刺激，只会将上述症状归结为自身过度敏感。这种心态又会反过来阻碍创伤的治疗和问题的解决。这种心态带来的压力也会影响她们对他人感受和行为的敏感度，而这恰恰是亲子关系中非常需要的一点。

反思：追寻童年的愿望

只有结合自身的过往经历，我们才能真正理解自己现在的行为。那些儿时未得到满足的需求，往往会在我们成年后不断闪现，并在各种节点影响我们的思维和决定。请您回忆自己的成长经历：谁是我儿时最亲近的人？父亲？母亲？还是祖父、祖母？他们有哪些特点？他们对我的哪些需求特别重视，对哪些毫不关心？在他们的陪伴和教育下，我对自己的价值有了哪些认识？现在的我对他们又抱着怎样的态度和想法？

母亲的母亲：打破恶性循环

自己走过的弯路，不必让下一代再走一遍。这虽然有一定难度，且这种难度与我们所经历的消极事件数量成正比，但这个恶性循环并非牢不可破。空想不能带来改变，长年累积的经历与想法也很难因虔诚的愿望而动摇。只有深刻的反思、切实的行动才能带来转机。接下来，我们将深入了解性别权利的历史、责任分配对亲子关系及下一代思想解放的影响。孩子的出生赋予了女性母亲的身份。从这一刻起，两个生命彼此相连，息息相关。但在成为母亲之前，她也有过童年，有过独属于自己的过往，还有另一个与她关联着的生命——母亲的母亲。

心理学家克劳迪娅·哈尔曼对此有过非常贴切的形容：“母亲如

果把自己放在典型的女孩的位置，那么孩子也会被放在该位置。”作为女儿，我们出生时就有属于自己的“使命”，我们被同样传承了家风的母亲引导着，去填补家庭中那个等待我们去填补的空缺。根据环境需求和机遇的不同，我们要么努力顺从、要么尽量周到，要么试着独立，要么保持内敛。而在我们自己有了女儿以后，呈现在她们面前的就是一个已经固定下来的母亲形象。因此，我们不仅要改变现状，更要从历史根源上进行反思和矫正。只有这样，自由和平等的观念才能真正被传递到孩子的心中。

战争时期的女性和她们身上延续至今的创伤

无法愈合的创伤通过人们的行为、情感和信仰被传递给下一代，这也就是我们常说的“代际创伤”。而女性往往更容易沦为战争的牺牲品，这也是我们在探讨育儿工作中女性的责任分配及母子/母女关系时一个必须考量的重要因素。

遗憾的是，后面几代人并没有重视战争留下的创伤。历史学家、记者米里亚姆·格布哈特表示：“据估计，至少有86万人受到了战争的直接影响。但实际上，战争给很多家庭及其周围人群带来的创伤会持续数代。因此，真实的受害者人数要比估计的数字高很多。很多人拒绝提起过去的经历，而即便将这些经历透露给心理医生，后者所发挥的作用也有限。”

战争的直接后果及其对家庭教育的影响是彼此交织、错综复杂的。现在很多强制、专断、罔顾儿童需求的教育方式其实在很大程度上都与战争经历有关：战时和战后出生在创伤家庭的儿童通常表现出“亲职化”特点，也就是孩子和父母的角色发生颠倒。孩子需要反过来照顾精神不稳定或身体残疾的父亲或母亲，承担起部分家务劳动及赚钱养家的责任。无论从哪个角度看，这都不是一个健康的儿童该有的样子。

亲职化儿童往往还承载了其责任范围之外的情感价值：他们是成人的倾诉对象，维系着家庭稳定，给家人情感抚慰。在传统的社会角色分配的影响下，亲职化家庭中的女儿往往承担得更多。但亲职化其实是一种病态关系，会持续改变后面几代人之间的相处模式：战后出生的孩子在长大成人、组建家庭后，他们的孩子又会继承上一代的亲职化模式，弥补祖父母对父母未曾尽到的责任。根据依恋理论，这种家庭环境下成长的孩子会尽力讨好父母以获得更多关注和喜爱。尽管他们对外表现得礼貌、温和、懂事，但习惯了角色倒置的孩子在自身发展上常常面临各种问题。他们的社交行为、情感表达、情绪控制和关系维系都会受到阻碍。而且由于长期得不到矫正和正确的指引，这类人将错误的相处模式传递给下一代的概率也更高。

“以前，我和母亲的关系非常好。但我对她而言更像一个朋友，而非女儿。因为家庭原因，我不得不很早就承担起家庭的责任。我母亲与她的父母关系并不融洽，我一直以为自己能够改善他们的关系。12岁的时候，我给外祖父母写了一封长信，向他们解释我对两代人的关系的看法，希望借此解开大家的心结，但他们并未做出回应。母亲的童年并不快乐，她常生病，又要照顾家里人，还总要应付与他人的争吵……母亲在处理亲子关系上出现的问题渐渐也出现在了我的身上，她在原生家庭的经历也影响了我与女儿的关系。因为不想重蹈上一代人的覆辙，所以我对女儿的保护欲特别强，只希望她能有一个无忧无虑的童年。同时，我也时常提醒自己，应该给女儿足够的自由，让她拥有自己的朋友，不必事事都与我分享。”

——霍利

从总体上看，战争创伤及其后果在目前的心理学领域中是一个比较新的研究方向。而这方面的研究之所以进展缓慢，很大程度上是因为长期得不到治疗的创伤引发的解离性记忆丧失：人体对痛苦经历和压力的应激反应会导致记忆障碍，大脑企图“忘掉”过去的伤害从而实现自我保护。精神病学研究专家、精神分析师路易斯·雷德曼认为，德国学界对解离症的研究直到20世纪90年代才算真正开始。

记忆障碍并不意味着创伤的消失，创伤其实早已在个体身上留下痕迹。（看似无缘无故的）情感爆发、抑郁、睡眠障碍、丧失激情、滥用药物，这些症状都证明了痛苦曾经存在。对经历过战乱的孩子来说，解离性记忆丧失更像一种为了让自己逻辑自洽而采取的策略，因为战后社会普遍拒绝承认战争在儿童身上留下的消极影响。不管是当时还是现在，儿童承受的暴力及受暴力影响的亲子关系一直是社会关注的盲区。慢性创伤心理学治疗专家夏安诺曾明确阐述了暴力对儿童的危害：“长期研究表明，幼时受过严重虐待的人成年后患心血管疾病、癌症、慢性肺病的风险更大。与一般人比起来，他们也更容易出现骨折或肝脏损伤等问题。”

诊询实例

对卡塔琳娜来说，亲子关系可能是世界上最棘手的问题。孩子带给她的“只有烦躁”和无休止的吼叫与争吵，“没有任何幸福可言”。女儿暴躁易怒、不服管教的性格更是让她头疼不已。从幼儿园到小学的过渡也不顺利，孩子总是生病，卡塔琳娜不得不放弃工作在家照顾孩子。她与丈夫都是自我要求非常高的人，都希望自己能够成为尽职的父母，为女儿创造理想的发展道路。当卡塔琳娜发现自己精疲力竭，就连普通的日常生活都无力应对时，她首先向自己的母亲求助。但母亲不仅不体谅她的处境，甚至还认为她过于“矫情”，毕竟卡塔琳娜“大部分时间都待在家”，而且只有一个孩子需要操心。“咬咬牙就过去了！”这是母亲最终给出的解决方法。而从年迈的婆婆那里，卡塔琳娜同样没有获得任何有价值的建议，只有一句反问：以前的女人不也是这么过来的吗？母亲和婆婆的回答非但没有让卡塔琳娜减负，反而使她对自己作为一个母亲的要求更高了。直到后来，她才意识到，身心俱疲的自己已经无法顺利地理解和陪伴自己的孩子了。比起“强行突破”面前的关卡，她更需要进行一次疗养，在自我修复的同时重新梳理与孩子的关系。

有房、有车、有工作，就算成功消除创伤了吗？显然不是。如果没有接受合理的心理治疗，没有外界的帮助，过往的创伤将如影随形。安妮特·施特雷克·菲舍尔、乌尔里希·萨克塞和易卜拉欣·厄兹坎是德国哥廷根大学精神创伤研究团队的负责人。这几位专家认为，没有得到及时治疗的战争创伤很可能成为导致社会价值观败坏的因素之一。这一观点也可以延伸到父母行为和亲子关系上，解释家庭关系为何失衡。

社会倡导的主流家庭形态同样反映出了我们潜意识中对消极过往的否定：莫妮卡·尼恩斯特和阿尼姆·韦斯特曼数十年来致力于研究儿童在替代性家庭中的融入过程。他们发现，“没有失败的父母，只有仍需成长的父母”这类论调不仅掩盖了不健康的亲子关系给儿童带来的切实伤害，而且还阻隔了外界的援助。在两位专家看来，面向青少年和儿童的援助机构，甚至整个社会，都未能正视孩子在家庭中的弱势地位。“根据《德意志联邦共和国基本法》第一条，我们必须尊重孩子的尊严，重视他们的愿望、需求和恐惧。为什么那么多人做不到这一点？因为社会保护所有家庭，不管它们是否切实履行了其应当承担的社会责任。对家庭无差别的袒护就等于对孩子需求的漠视。”这一结论再度证明了家庭服务于父权制社会的性质。和睦的小家庭与家中周到、细致的母亲——这一理想化的模型从未受到质疑。除了社会的沉默，家庭也用暴力和专制告诉孩子：尊重父母，不许反驳。

母亲身上的不同问题

2021年，我在自己的社交平台上向家长们提出了一个问题：“您与母亲之间（曾经）存在什么样的问题？”内容发布后，我总共收到了上百条回复。我从中选取了部分答案，列出了下面这张表，希望借此展现如今身为母亲的女性对母亲的印象及她们与母亲的关系情况。

- 关系中存在暴力行为
- 时常抑郁
- 容易感情用事
- 使我觉得自己做的一切都是错的
- 我永远不够好
- 自私
- 自恋
- 情感勒索
- 我是她不幸的根源
- 我永远被忽视
- 非常冷酷
- 实用主义教育
- 嫉妒心强
- 没有边界感
- 我必须成为母亲的朋友
- 认为我过于敏感
- 我必须独立完成一切
- 我永远是替罪羊
- 喜怒无常
- 无尽的攀比
- 漠然
- 不能共情
- 我是母亲的替代品
- 很少有亲密的举动
- 总是对自己要求很高
- 过于忙碌
- 偏爱儿子
- 似乎没有独立的人格
- 对父亲的暴力视而不见
- 独断专横
- 我常被她取笑
- 觉得我不够漂亮
- 总向我寻求安慰
- 争吵不断
- 认为我的育儿方式是错误的
- 矛盾复杂的情感关系
- 不许我生气
- 从不替我保守秘密
- 我的出生是个意外
- 母亲早逝

- 逃避问题
- 控制欲强
- 我从幼年起就负责照顾患病的母亲
- 将“再……我就不爱你了！”挂在嘴边
- 家庭角色分配不清晰

从表中可以看出，如今身为母亲的女性与上一代女性的关系往往充斥着问题与矛盾。接下来，我们将具体探讨这些回答背后存在的问题。虽然每个人的境况不同，过往经历也不同，但我们还是可以找到适用于大多数母亲与孩子关系的模板，并对其进行分析。

“她总是那么冷漠……”——患有述情障碍的母亲

很长一段时间以来，人们对创伤后应激障碍的了解都停留在非常粗浅的阶段，对述情障碍也是如此。语言学家卡洛塔·维尔丁在博士阶段专门对此进行了研究，并在她的作品《学习感受》中讨论了述情障碍的发展心理学和神经心理学解释。根据发展心理学理论，不稳定的亲子关系、被虐待和遭受过暴力都可能导致人出现情绪盲区，先天的脑部解剖学构造也是可能影响情绪、感受的因素之一。不同患者的述情障碍严重程度不同，形成原因也不同：有些人很难向别人描述自己的想法，有些人不能区分自己的躯体感觉和心理感受；有些人缺乏想象力；也有些人缺乏外向、理性的思维方式。述情障碍与其说是一种疾病，不如说是一种人格方面的缺陷。患有述情障碍的人通常很难清楚地描述自己或孩子的感受。此外，他们还很难与别人共情，经常对旁人的痛苦无动于衷。长此以往，他们孩子的情感发育也会受到阻碍。因为感受、理解、回应各种各样的情感恰恰是儿童成长中最为重要的一课。家长如果意识到自己在这方面存在缺陷，可以通过接受专门的心理治疗来训练、培养情感认知能力。但如何让身处“盲区”的患者认识到自身存在述情障碍？这方面的研究还处于起步阶段。

“为了让母亲过得轻松一点，我一直试着尽可能地独立，尽力压抑悲伤、愤怒、绝望等一切消极情绪。如果实在憋不住，那么我也只会自己偷偷发泄。……我常听别人说起自己的母亲，说她们总是把最好的留给孩子。但我觉得光付出是不够的——如果你的另一半在光明正大地虐待孩子，那么母亲的爱再虔诚也只是一厢情愿。很多人觉得我的观点太冷酷、不公正。我不想责怪母亲，因为她自己并没有意识到家中发生的暴力，或者说，她没有能力摆脱这种不幸的关系——一切必然都是有原因的。但是，比起探究原因我更希望她现在能够重新反思自己在家庭中的行为和所扮演的角色。”

——妮娜

很多人认为孩子小时候是没有记忆的，即所谓的“婴儿失忆”，因此忽视了对婴幼儿的陪伴与教育。事实上，婴幼儿时期的经历与成长方式会影响孩子未来的人生发展，所谓的“婴儿失忆”只是人们错误的解读：确实有研究能够证明孩子有意识的记忆形成于3岁以后，但这并不意味着此前的记忆完全消失了，也不能证明3岁以前的经历不会对孩子造成影响。婴幼儿时期的经历会被大脑作为无意识记忆储存起来，并在潜意识中作用于我们的行为。特别是曾经令人不安和恐惧的消极经历，它们会使儿童的大脑结构发生改变，并对人体的生理机能产生切实的影响。婴幼儿时期频繁感到恐慌可能造成儿童大脑的杏仁核，也就是负责产生与应对恐惧和调适情绪的核心区域体积增大，使孩子长大后更容易感到压力和恐惧，自己却很难找到原因。杏仁核能够帮助生物识别潜在的危险，储存一切与外界威胁有关的信号，即诱因。诱因可以是特定的声响、气味或情境。如果我们在多年之后重新进入一个与幼时类似的情境或听到类似的声音，杏仁核就会被激活，我们也会再次感到幼时的那种恐惧。也就是说，得不到妥善治疗的童年创伤很可能在不知不觉中伴随人的一生。

“我的母亲总是太过死板。”——封建保守的母亲

儿时的创伤不仅会影响个体的大脑构造和与他人的相处模式，也会影响个体所做的事、所说的话或未说出口的话，因为痛苦的经历往往包含了大量非语言层面的伤害。在本书的第四章，我们会进一步了解大众对“禁忌话题”（阴道/阴蒂的解剖学构造、月经等）的逃避心理，思考大众为何对儿童性教育或孩子“不知羞耻”的行为讳莫如深。每代人的沉默都是以损害亲子关系作为代价的。身为母亲，我们不仅要迎合孩子探索世界的好奇心，也要满足他们对自己身体的求知欲，同时还要给他们留下自由发展的空间——这也是满足他们安全感的一个重要方面。很多时候，沉默背后隐藏的其实是人们对性的抵触和恐惧。在作品《生于暴力的孩子》中，米里亚姆·格布哈特描述了

第二次世界大战后青少年被恐惧支配的生存境况。青少年保护一直是战后社会关注的焦点，20世纪50年代以来，人们对性暴力及其危害有了更加普遍的认知。“潜伏在灌木丛中的犯罪者”逐渐成为几代人不断传递的焦虑来源：我们担心自己的孩子，特别是女儿，成为性犯罪的受害者；害怕无人的操场、偏僻的小路、喧闹的舞池——这些地方都可能成为犯罪现场。但数据表明，性侵案件大多数都是熟人所为，看似安全的地方其实是最危险的。1945年后，德国女性主义运动的中心议题转移到了性别政治和暴力防范上。宣扬保护女性，争取女性自决权固然重要，但更重要的是转变心态。我们必须了解女性身体的运作方式，知道什么能取悦自己，什么不符合自己的喜好。对身体的掌控也是自决权的一部分。正如玛格丽特·斯托科夫斯基所说，“上一代不自由，下一代就无法自由。”

“我只是她身边的隐形人。”——自恋的母亲

在图书网站搜索“自恋父母”这一关键词，我们就可以检索出大量在过去几年间出版的图书。虽然自恋型人格障碍的出现概率与性别无关，对孩子的影响也不分男女，但大多数研究依旧将重点放在母亲与女儿的关系上。有趣的是，男性患者的诊出率明显高于女性，这又一次反映了根深蒂固的性别刻板印象的影响：人们往往更少预设女性具有自恋特质，且自恋型人格障碍在女性身上更倾向于表现为脆弱型自恋，而在男性身上则表现为公开型自恋。脆弱型自恋的人通常内向、敏感、少有攻击性、不会贬低他人；而公开型自恋的人往往热衷

于公开表现自我。

如果听说某个人自恋，我们的第一反应往往是她/他肯定是一个以自我为中心的人。其实，自恋从本质上来说是一种广泛分布于各类社会人群的人格特点，极端情况（特别自恋或者特别不自恋）是很少的。适度的自恋能让我们自信、果决、充满魅力。遗憾的是，这些特点很少能与女性形象联系在一起。很多时候，同样的标准放在男性身上就是“适度”，放在女性身上就是“病态”。如果一名女性自信、果决、充满魅力，她在有些人眼中很可能已经被打上了“盲目自信”的标签，尤其是在政治、工业等领域，我们有时就能看到人们对女性政客或女性领导自信的行事作风的贬低和嘲笑。

自恋型人格障碍就属于上文中提到的极端状况，是一种自恋与低自尊混杂出现的人格障碍。患者通常缺乏共情能力，对批评极端敏感。研究表明，自恋型人格障碍患者大脑中负责共情能力的区域比普通人更小，这从客观上限制了他们感受情感的能力。患者人格中的“低自尊”部分在大多数情况下被掩盖在自恋浮夸的外表下，很难为人所察觉。

自恋型人格障碍会从各个层面影响亲子关系。患者作为父亲或母亲，爱的并非孩子本身，而是孩子提供的某种价值，比如好的成绩或相貌。因为这些在一定程度上可以提升父母的价值，给他们“挣面子”。自恋型父母对外通常表现得特别支持和关心孩子，但子女的成绩一旦下降，他们就会贬低和惩罚孩子。若是孩子在外表或成绩上足够优秀，甚至超过了父母，父母则可能感到被威胁，把孩子视为竞争对手，拒绝肯定孩子的价值。这也解释了为什么有的孩子小时候与父母的关系并无异常，而长大后却不断遭到父母的否定。

自恋型人格障碍的形成原因尚不明确，但可以肯定，自恋型人格和其他人格特点一样受到基因的影响。在另一些理论中，婴幼儿时期的经历也是导致人后天出现人格障碍的重要原因。这里的经历大致可以分为两种类型：一种是过多的赞誉、抬高、保护，另一种是极度的情感淡漠。这两种情况都说明亲子关系出现了问题。从整体上来看，自恋型人格障碍患者的孩子患精神疾病的概率更高。由于父母并未将孩子的需求放在首位，关注的焦点也不是孩子本身，所以这类儿童无论在自我认知还是需求意识上都更容易出现缺陷。依恋理论表明，儿童会迎合父母对成绩和能力的要求，也会在父母的否定与批评中丧失自我价值感。有些父母甚至还会因为孩子没有达到自己心中的预期而对其采取肢体和精神的双重暴力来表达不满。

“我的童年充斥着精神和肢体上的暴力。我的母亲患有自恋型人格障碍，多年来，我都用母亲不幸的童年解释我的悲哀处境，通过自我贬低为她辩护。幸运的是，我遇到了一个尊重我、珍视我，能给我稳定情感慰藉的人。……面对我的需求和情感，母亲的回应只是拒绝、惩罚或暴力。……现在我开始接受心理治疗，学着感受自我，不因不存在的事情而痛苦，也试着自己治愈童年的伤口。虽然还是有情绪上涌难以自持的时候，但我现在基本已经走出了原生家庭的梦魇。对此，我感到非常自豪，并心存感激。”

——纳塔莉

自恋型人格障碍患者的女儿通常很难轻易放下来自童年的情感负

担。她们永远认为自己不够好，同时又渴望着母亲的爱与关怀。但缺乏共情能力的患者作为母亲并不能感受到孩子的痛苦，此时，其他援助方的介入就显得尤为重要。但和之前提过的大多数情况一样，对慈爱的母亲形象以及温暖小家庭的追求会再次阻断儿童向外界获取帮助的渠道。而当这些孩子自己成为母亲后，她们童年的创伤又会在下一代的身上延续下去。

“难以承受……”——成为孩子的母亲

在“战争时期的女性和她们身上延续至今的创伤”一节中，我们引入了“亲职化”这一概念，即父母与儿童的角色互换。在这样的家庭中，母亲会将自己从家长的角色中抽离出来，转而让孩子承担抚慰自己情感的责任。孩子甚至还会在别人面前编造谎言以维护母亲。在亲职化关系中，孩子根本没有获得儿童应有的成长空间。即使在成年之后，他们也依旧会以放弃自身需求为代价，极力帮助和满足他人。

> “我不想让女儿觉得自己的出生是为了治愈我、当我的宠物、替我实现梦想。她不必像过去的我那样为自己母亲的情绪、感受和处境负责。”
>
> ——曼迪

心理学家苏珊·福沃德认为，亲职化的孩子在长大后“很难把爱与同情区分开来。他们不相信世界上存在相互的爱，也不知道‘拯救他人'并不应该成为价值感的来源"。很多女孩小时候被迫承担起"拯救父母""挽回家庭"的重任，她们长大后更容易将过去对父母的使命感转移到丈夫身上，陷入为他人，特别是为男性自我牺牲的怪圈。作家梅雷迪特·哈夫在她的一篇名为《救救我，宝贝》的文章中对所谓"新成人文学"中的待拯救的男性形象进行了深入探讨。在哈夫看来，这类故事中以"拯救者"身份出现的女性角色通常自幼受到大男子主义的影响，并且这些有害的思想还会通过教育传递给下一代。该文学流派中的大部分作品都将女性对男性的包容与拯救视为理所应当，将女性的爱当成失意男性的"疗伤"秘法。

父母过高的期望、过少的支持、离异、情感创伤经历，甚至精神疾病和药物滥用行为等都可能导致儿童出现亲职化倾向。但我们必须明白，无论这类家庭中的母亲有多需要帮助，实施援助的主体都绝不应该是她的孩子。当女孩承担起照顾母亲的责任时，孩子的童年就已经被扼杀了，并且她未来的人生道路上也将一直背负着来自过去的重压。这些女孩意识不到自己的需求，不懂得好好照顾自己，她们对压力和情感的感知也将发生改变。不同成因、发生在不同家庭环境中的亲职化现象还可能伴随着不同的负面影响。比如酗酒的母亲、剥削孩子情感价值的母亲和因抑郁症而（在部分时间里）无法顾及家庭生活的母亲，她们的孩子所承担的责任是不一样的。

"就是很难。"——有其他问题的母亲

除了错误的相处模式和（战争或暴力创伤导致的）自身人格障

碍，很多或大或小的因素也可能成为母女关系的绊脚石。很多母亲会在各种原因的影响下变得情感淡漠，无法给予孩子足够的爱。心理学家苏珊·福沃德等人在对此类现象及其后果进行深入研究后发现，家庭成员性格上的不兼容，就足以妨碍亲子正常建立以需求为导向的关系：如果孩子自身非常敏感、容易激动、很难自我调节（这也可能是上文提到的过往痛苦代际传递导致的压力不耐受），而父母又无法回应孩子的需求，亲子关系的健康发展无疑会出现巨大的挑战，甚至陷入恶性循环。

即使在成年后，我们也可能花大量时间寻找童年中缺失的母爱。童年的母爱缺口不仅会压抑我们自身，也会影响我们与女儿间的关系，因为母亲很容易将女儿当成情感上的慰藉和替代。我们要有意识地避免这种代偿行为，停止寻找对母亲的情感需求的替代品，接受不能改变的过去，明白不被爱并非自己的错。更重要的是，虽然上一代的影响会时不时流露在我们的言行中，但我们依然可以朝着自己理想中的母亲形象努力，不再重蹈覆辙。作为一名成年女性，我们有权利和能力在一定程度上让自己从过往的家庭束缚中解放出来。

“被遗弃的女儿”——不存在的母亲

失去亲人也可能带来创伤。即使年龄尚小，孩子也能明白有些人的离开是无法挽回的。而温和、细致的引导和陪伴可以帮他们更好地消化和接受这类情况。父母中一方的离开很可能让孩子陷入上文提到的亲职化模式，因为他们想通过自己来平复父母中另一方的痛苦。

没有了母亲的陪伴，女孩更容易产生自我认知上的问题。特别是在传统的家庭中，父亲往往是不善于表达感情的，即使在伴侣去世后，父亲也无法改变自己，从而导致孩子在情感上缺乏“母性化”关怀。当然，理论上，父亲也可以扮演母亲的角色，但我们这代人的父辈很少有人能放得下刻板的性别角色。不过幸运的是，在现代社会中，这类现象已经有所好转。

“女儿七个月零三周大的时候，我患了重病，危在旦夕，不得不住院接受深度麻醉。生病前，我一直亲自哺育孩子，哄她睡，陪她玩，还带她去早教机构，从不离开她身边。丈夫工作繁忙，但依然十分关心我和女儿。在我生病或有其他事的时候，他也会带孩子出去晒太阳。

突如其来的疾病使我与女儿不得不暂时分开，我处于人工昏迷状态，孩子不能探访。我的丈夫、双方父母和朋友耐心细致地承担起了照顾女儿的工作。……我出院回家时，原来的小婴儿已经长成了一个小姑娘，但她不再像以前那样黏着我了。她明显更加信任爸爸、奶奶和保姆。意识到这一点后，我心里非常难受。我永远都不会忘记那时的痛苦。所幸，在我付出足够多的时间和耐心后，她又重新与我亲近起来了。”

——莫利

如果孩子的悲伤情绪没能及时得到引导和安抚，他们日后对情绪的管理能力就会受到影响。因此，及时抚慰儿童情绪，寻找其他值得信赖的对象填补失去亲人的空缺是非常重要的。

“其他女孩都很蠢，你应该和男孩玩。”——女性之间的横向暴力（Lateral Violence）

横向暴力并不一定具有代际传递性，但社会中的横向暴力势必会通过影响作为社会成员的我们来影响我们的后代。很多时候，我们其实已经（下意识地）内化了社会的厌女情结，并成为这种思维的载体。厌女情结不仅存在于男性身上，女性也可能有这种倾向。

“横向暴力”这个概念最初起源于后殖民理论，指被歧视的群体接受自己的不平等地位，接受其他群体对自己的贬低和压制。教育学家贝蒂娜·克莱纳对此的解释是：“殖民者施加在被殖民者身上的系统性剥削（比如武力或羞辱）会被弱势的一方全盘接受，并应用到其他弱者身上。横向暴力的产生源自压迫的存在，比如殖民主义和种族主义。同样，女性之间的横向暴力一方面是因为物质条件和社会主流观念上的差异，……另一方面则是因为性别歧视主义对所有女性价值的贬低和对女性存在感的削弱。”

我们可以发现，在日常的思维与行为中，横向暴力无处不在：不管是对其他孩子母亲的抱怨，还是对其他父亲的赞誉，又或是对整个女性群体的贬低（“女人就是任性”），本质上都是弱势群体内部的彼此攻击行为。在横向暴力的驱使下，我们通过贬低和嘲笑自己来取悦他人，同时又通过削弱他人的价值来取悦自己。被剥削者通过迎合强者的剥削行为，并向他人（往往是比自己更弱小的群体）施行暴力来抬高自己的价值，从而获得优越感。特别是肢体或精神暴力的受害者，他们更倾向于在行使横向暴力的过程中产生强者的快感。

仔细想想，我们就会发现，每个人或许都曾向他人施加过横向暴力。但在读过这本书、了解过此类暴力产生的原因和背景后，我们未来就能有意识地防范、应对横向暴力。您如果认识到了自己有贬低别人的倾向，可以试着通过反思和转换思维模式来避免使这种倾向形成习惯，从而让自己成为这个循环的终点，进而保护女儿不再陷入横向暴力的行为误区。大家同为女性，并不一定要彼此竞争，反而更应当团结互助。现代社会就其包容性而言已经比以前进步了太多：不管穿什么颜色、什么样式的衣服，有怎样的兴趣，生活方式如何——我们都是平等的女性。从自由的角度出发，个体差异理应存在。

我们如果感受到了来自他人的轻视，完全可以当面指出她们的错误，为孩子做出正确的示范。跟改变我们自己的想法同样重要的是，有意识地反对横向暴力，争取消除横向暴力。

反思：母亲与我

母亲的行为与责任受很多因素的影响，母女之间的问题也各有其不同的成因。您也许在本书的例子中看到了自己与母亲的影子，也终于通过转变视角理解了母亲行为背后的原因。但本书的重点并非理解上一代（这只是培养健康亲子关系的第一步），而是反思自身行为对下一代的影响。因此，在本节的反思练习中，我们需要观察自己母亲的行为对我们产生了哪些影响：有些孩子会用无私的帮助回应母亲的情感需求，从而加速亲密关系的建立；如果一段关系中频繁出现矛盾，孩子可能倾向于追求和平，讨厌争吵；如果父母情感淡漠，孩子也会变得很难与他人坦诚相见。请您思考，自己用哪些行为满足了原生家庭的需求？您是如何应对矛盾、承担责任、关怀他人的？

亲子关系与伴侣关系

童年亲密关系的质量可能影响我们长大后与他人的相处模式，但也并非绝对。每个人都有自己基于过往经历的人际关系处理模式，这一模式会在我们与他人的关系，特别是较为激烈的情感关系中被激活并开始运作。小时候受过惩罚的人在长大后更倾向于用（情感上的）惩罚来解决关系中的问题；幼时被孤立过的人更容易陷入与他人的冷战和僵持中。但过往的经历并不能决定我们身为父母的成败，我们可以利用心理治疗等方法主动改变过去习得的错误的情感交流模式。对孩子来说，父母的过去并不重要，重要的是他们如何经营现在的关系。

人际关系学教授法比耶娜·贝克尔-斯托尔等人认为，“伴侣关系的质量对整个家庭的正常运转而言意义重大，因为配偶会对我们的生理和心理健康产生巨大的影响。此外，父母之间的相处模式也关系着孩子的成长与发展”。关系稳定、彼此理解、相互扶持的夫妻，他们的家庭氛围往往更加轻松，也更容易建立健康的亲子关系。而充满矛盾的伴侣关系则会导致家庭中充满压力。这样的关系不仅不能给我们力量，反而可能是我们焦虑的最大来源。

健康的伴侣关系是我们个人发展和日常生活中的可靠港湾。从这个角度来看，平等的伴侣关系不仅能给配偶双方带来积极的影响，他们的孩子也会更加自信，思想更加解放，更加敢于挑战传统社会对个体的限制。遗憾的是，这种理想的家庭模式在过去几代人中一直未能得到实现，母亲依然承担了绝大部分的育儿责任。这也带来了我们现在所面对的各种亲子问题。

反思：父母间的关系

在讨论母亲过度承担的家庭责任及其影响前，我们首先要深化自己对父亲与母亲关系的理解。请您闭上眼睛，回忆童年中印象深刻的父母相处片段。他们是否有固定的相处模式？他们的关系可以用以下哪些词来形容？

· 暴躁　· 拒绝　· 嫉妒　· 公平　· 相爱　· 矛盾　· 尊重

· 浪漫　· 担忧　· 支持　· 平淡　· 珍惜　· 割裂

视角的改变

很多原因都会导致父母缺乏共情能力，对孩子情感淡漠。而对他们为什么无法意识到自己的问题这件事，学界也有不同的解释。真正具有挑战性的，并非如现代教育中广泛倡导的那样解读孩子行为背后的原因，而是思考父母对我们的影响。因为反思就意味着质疑、瓦解在我们心目中坚不可摧的父母权威。我们必须接受自己的父母也只是凡人，他们也有自己要背负的过去，他们的行为中也有再上一代人的痕迹，他们生活的时代缺乏相关的知识、援助、治疗方法来帮助他们抚平童年的伤痛。但这一切并非不可改变。有关父母创伤治疗的研究表明，很多心理干预治疗方法乃至药物都能有效缓解创伤后应激障碍。

事实上，社会环境正在发生改变：我们已经开始质疑传统的权利分配的合理性了。同样，曾经受到父权主义影响的亲子关系也正在悄悄发生改变。艾里希·弗洛姆在1976年曾说：“女性从父权主义中得到解放是社会实现人道主义的基本前提。……而对弱者的权利碾压是当前父权主义的存在核心，包括对欠发达国家及对儿童和青少年的压迫。我们需要不断壮大女性解放的力量，因为只有她们才能改变当前社会……的权力基础。但前提是，女性不能借夺取男性权利之名转而凌驾于其他弱势群体（如被殖民者）之上。……与女性解放运动密切相连的，还有年轻一代的自主意识觉醒。”每一轮变革都意味着走出早已习惯的体制，重新适应新的运转模式。反思和修正亲子关系也是同样的道理，虽然过程充满艰辛，但一切都是为了更好的结局。

“有了孩子之后，我突然深刻地理解了我的母亲。我突然明白了母亲为一份工作、一个家庭、四个孩子所付出的心血。我突然看到了她的疲惫、她的压力、她的担忧。我突然明白了，当初她为什么那么早就把我送进幼儿园，又为什么在生完三弟后休息了那么长时间。……

在我自己成为母亲后，我看待母亲的视角彻底改变了。……虽然我理解了上一代，但我依然希望自己能以不同的方式扮演好母亲的角色，也希望女儿在将来成为母亲后也能原谅我的不足。”

——约兰达

关于母爱的迷思和重解

在反思父权制社会家庭结构时，我们可以结合创伤的代际传递理论、其他社会因素和母亲个人因素综合考量，并由此对母亲与女儿之间不合理的相处模式进行深入分析。几千年来，女性都被排挤在家庭的一隅，作为孩子最亲密的关怀者默默承担着抚育下一代的工作。但在别人眼中，我们也是最容易“犯错”的人。在成人（25~40岁）中，女性背负了最大的（独自）抚育儿童的责任。我们在童年或现实因素影响下犯下的各种错误，其实也是母亲这一身份的副产品。除了母亲，谁还能时刻陪伴在孩子身边，面对他们的每一次失落、每一次怒火，与他们共度生命中的每一道关卡呢？如果没有母亲，整个家庭的情感需求由谁来满足？孩子向谁倾诉自己对友谊的困惑，对爱情的苦闷？谁来料理家务，谁来给孩子洗澡、喂饭？

德国经济研究所在相关调查中发现，90%的女性在生完孩子后需要休育儿假来满足家庭需求。虽然政府在2015年推出了“补充父母金”项目——母亲如果选择在产假期间外出兼职且达到一定的时长，则可以多领取一份补贴——但这一措施并未带来实质上的改变。德国联邦统计局的数据也表明，女性在抚养孩子方面花费的时间要比男性多得多。根据2019年的统计数据，在不满6周岁的孩子的父母中，有四分之一的母亲选择休育儿假，而只有1.6%的父亲选择休假。单亲家庭的性别分布更加明显：2019年，德国单亲母亲的人数达到了220万人，而单亲父亲的人数只有407 000人。

陪伴、关怀、对需求的回应——我们身体力行地诠释着“母亲”一词的含义，并将其传递给下一代。但我们也会犯错，也有能力不足和精力不够的时候。情感上的“度”更是难以把控：既不能太多，也不能太少；既不能责备，又不能不管。而这些处理不到位的地方，往往令孩子记得最深刻。越亲近的人带来的伤害越深。这也是很多母亲恐惧的由来：我这段时间里都出现了哪些失误？我能带给孩子什么？他们生命中的哪些瞬间我绝对不能错过？对孩子来说，爱与信赖应该是他们成长中的主旋律，其间也可能夹杂着一些错音。我们失误的原因可能是任务太多、负担太重、压力太大、支持太少，但它们并不能说明我们作为母亲是不称职、不合格的。母亲承担了如此多的责任和期望，但它们恰恰成了亲子关系的阻碍，这不公平。

反思：育儿对两性关系的影响

育儿分工不平等不仅会影响夫妻双方对生活的感受，而且还会阻碍父母与孩子建立和维系关系纽带。因此，照顾好自己的身心健康，维系好与伴侣和子女的关系，重视自身需求，将压力控制在可承受范围内就显得非常重要。请您试着在脑海中将日常生活梳理一遍：

- 我每日必做的事情有哪些？
- 哪些计划外的任务会以不固定的频率出现？
- 我的力量/热情/友善程度是否会在一天中波动起伏？
- 疲劳会影响我在家庭生活中的表现吗？
- 对亲密关系的影响进行分析：日常生活中有哪些需要改变的地方？请设定具体目标。
- 如何实现目标？明确步骤细节，比如改变任务分配方式，给自己设置更多放松、休息的时间，等等。

“母爱具有排他性”？

在现代文化中，只有与孩子关系最密切的少数人才会参与育儿工作。因此，孩子会逐渐发展出对不同对象的依恋层级。越重视或越善于回应孩子需求的对象，在依恋等级中的排名就越靠前。因为大部分女性都会利用育儿假来陪伴、照料刚出生的婴儿，所以母亲与孩子间的情感纽带往往最为紧密，也因此必须满足孩子的更多需求。诸如哄睡之类本可以由父母双方共同完成的任务往往会落到母亲一个人身上，因为母亲在孩子的依恋层级中有着更加优先的地位。随着年龄的增长，孩子会逐渐摸索出规律，知道不同类型的需求应当求助不同的对象。谁能倾听我情感上的困惑?谁能和我一起外出冒险?谁更可能满足我想吃糖的愿望?这些问题的答案,孩子心知肚明。再加上第一章中介绍的父权制社会结构下女性与下一代的责任捆绑,“母爱具有排他性”这一概念在人们的脑海中更根深蒂固了。

在著作《依恋理论迷思》中,发展心理学家海蒂·凯勒提出,母亲在儿童依恋关系中的优先地位,包括鲍尔比和安斯沃斯建立的整个依恋理论体系都带有西欧社会的局限性,他们对依恋关系的研究明显受自身经历和当时学者普遍观念的影响。实际上,很多民族学、人类学的调查研究都表明,人类在育儿责任的分配上其实有很多种可能。在凯勒看来,“在西方世界以外的其他地区,婴幼儿的抚育工作总是由相关群体成员共同支持并完成的”。

萨拉·布莱弗·赫迪认为,复合监护网络和替代父母行为(Alloparenting)是延续人类社会的基础,仅凭母亲一人是无法承担抚育后代的工作的。在这种与西方截然不同的群体性抚养现象中,很多幼儿也会对承担起监护责任的其他孩子产生强烈的依赖。在很多文化中,孩子的主要依恋对象也是孩子,社会交往也更多地发生在儿童之间。西方社会独有的母亲与孩子(特别是与女儿)的排他性联系,说到底其实是一种文化结构。当然,举其他地区的例子并非为了否认母子/母女关系的特殊性,只是为了说明母亲的主要育儿责任并非与生俱来,而是社会文化发展的结果。在西方世界以外的其他地区,母女关系可以有完全不同的可能性,且其他类型的相处模式并不一定会阻碍儿童的发展。

除了传统的依恋理论,孕妇与胎儿的联系也是一个广受关注的话题。“母爱无可替代”论的支持者认为，母亲早在怀孕时就建立起了与腹中孩子的羁绊，因此，她们在孩子的成长过程中承担更多的责任也理所应当。

不可否认，胚胎时期的经历确实会对孩子日后的成长、发育产生一定的影响。孕期母亲的状态和行为（承受压力、抽烟等）关系到孩子未来的适应能力，因为婴儿的神经系统具有自我保护机制，在特定条件下会启动加工程序化解受到的刺激，防止身体过载。适应能力差的孩子很难控制自己，无法自如地向周围环境传递需求信号，从而在关系建立方面存在困难。基因是影响亲密关系的重要因素。研究人员发现，特定的基因变异会干扰个体与他人的交往，导致个体出现人际关系问题的概率升高。外界因素同样关系着胎儿的发育：孕妇遭受的肢体暴力会破坏孩子体内的压力应对系统，也会导致母亲在怀孕/分娩时出现意外状况。而这些因素最终可能阻碍健康亲子关系的建立。

综上可知，母亲在孕期的行为习惯确实有可能影响未来母子/母女关系的走向。但是，一方面，母亲并不一定是此类影响的唯一来源；另一方面，上文提到的因素直接影响的是孩子的生长发育而非亲子关系。既然如此，是什么让母亲的存在变得无可替代？

在怀孕的过程中，胎儿的感官不断发育成熟，他们不仅能直接感知子宫内的环境，还能对母体周遭的状况进行判断。因此，除了母亲自身的激素水平以及基因/表观遗传条件，胎儿也会受到外界环境的影响，并根据环境的反馈不断自我调整。从孕期心理学来看，羊膜腔穿刺术、难产、流产失败等手术干预行为也会对胎儿日后的心理发育产生影响。我们虽然都知道宣传健康、无暴力的孕期环境的必要性，但也要警惕产前经历被过于绝对化的风险，特别是在依恋理论被错误解读的背景下：胎儿在子宫内能够闻到气味、听到声音，并不代表他们必须与这个子宫的拥有者建立起独一无二的信任关系。首先，与他人建立情感联结是儿童为了确保自身需求得到满足的一种自我保护机制。其次，部分领养研究证明，即便母亲不是育儿工作的（主要）负责人，孩子同样能与她们建立起稳定的亲密关系。早在20世纪70年代就有分析表明，即使是年龄稍长、在原生家庭中受过虐待的孩子，被领养后也有很高的概率在新环境中继续健康发展。特别是当养父母正确认识并妥善回应孩子的需求时，孩子过往经历的创伤就能被抚平，他们也可以在新的家庭中获得更强的安全感。正如人们常说的："美好的童年，何时开始都不晚。"

母亲并非育儿责任的唯一承担者

要与孩子和平相处，合理应对他们的需求，母亲就要对自身的童年经历进行反思和分析。这有利于我们摆脱原有的错误的家庭教育的影响，重新思考与孩子的相处方式。但过度关注自身经历又可能导致我们忽视孩子现实的个性和成长状况。因此，我们在观察母子/母女关系时应该从两个角度出发：孩子的情感世界和成人的情感世界。现在，我们作为大人，有能力思考自己作为母亲的一些行为背后的动机，这是童年时的我们无法做到的。这些行为我们小的时候也曾看到过，并深深地为其所影响。孩子对我们的期望正如我们对母亲的期望，我们也期望自己的妈妈能够成为为孩子付出一切、摆平一切的那种母亲。

“父母有时会因哥哥、姐姐犯了错而迁怒于我，打我。但最可怕的惩罚是不许我吃晚餐。母亲总是用食物定义她对我的爱。所以我几乎每顿饭都吃饱、吃撑，这样我才能感到自己被爱，感到自己有价值。外婆病危时，母亲给我讲述了她小时候的故事。在她小时候，外婆每隔一段时间就会让她和哥哥饿上几顿，因为‘怕他们发胖’。多么讽刺！……在那之后，我读了很多书，开始质疑一切，尽力寻求各种帮助。……那是一段痛苦的经历，明明已经活了40年，我却看不清真实的自己。现在，我学会了转变自己的视角，也能够更好地理解童年的一切。我意识到母亲在偏执行为背后的巨大精神负担，也认识到自己已经在不知不觉中全盘继承了上一辈的心结。”

——纳塔莉

虽然个人原因也可能导致母亲缺乏亲密关系或做出情感虐待行为，但我们仍需要识别限制母亲行为的社会框架。诚然，从理论上来说，每个人都是独立、自由的个体。但实际上，不管对哪一代人来说，所谓的“自由”都只是每个人过去与现在的经历及其社会背景、遗传基因、价值观念、角色定位等多个方面混杂影响下的产物。在惊讶于现在休育儿假的女性人数的同时，我们也应该试着了解一下这些女性的童年。每个时代的女性都有不同的局限，而这又会影响母亲与孩子的关系。

以德国为例。在过去的很长一段时间里，虽然政府设立了大量幼儿教育监护机构，但德国的母亲们依然肩负着巨大的社会期望。为了降低女性在经济上对男性的依赖，德国政府鼓励所有女性外出就业。但与此同时，“女性也不能在她们身为母亲和妻子的责任上有所懈怠”，而要“比以往更加出色地完成任务”。显然，这对当时的女性提出了更高的要求：她们必须在工作与生活间保持平衡。至于这个要求是否合理——众多的托养机构已经在一定程度上说明了问题。1976年，德国的某些地区引进了为期一年的带薪育儿假制度，只有女性可以申请——这一政策并不支持男性参与育儿工作和家务劳动。由此我们也能看出社会对母亲在家庭中所扮演角色的期望。但当时大部分托管机构的教学方法并不科学，与我们现在理解的以儿童需求为导向的教学法大相径庭。此外，孩子长时间在外托管，缺少稳定的家庭环境，这一点如今为人所诟病。总之，所有母亲都背负着期待，所有期待都意味着压力。

德国联邦统计局的数据显示，2020年，德国家庭暴力的发生率比往年增加了9%。在调查的60 600起案例中，三分之一的受害儿童年龄在5岁以下。同时，精神暴力的占比明显增加。

我们期待母亲恳切的爱、稳固的信任、温暖的关怀、无条件的认可、接纳真实的我们。所有这些来自孩子的期待都是完全正当的，这些是一个人身心健康发展的前提。孩子的需求没有错，错的是不能满足这些需求的社会环境。身为母亲的女性需要收入、居所、教育和工作机会，她们承担起社会的期望，背负着相应的压力，面对着难以实现自我价值、人格无法独立的严苛现实。社会大环境决定了每一代女性的活动空间，决定了每一代女性能够成为什么样的母亲。大多数时候，我们并不像自己想象的那么自由。因此，我们才更应当采取措施，夺回属于个人的自由、平等，敦促社会接纳全新的角色分工。

现在，我们应当走出误区，应当认识到：母亲一个人并不能负责孩子的一生。我们可以进行育儿工作，我们可以对孩子有所影响，但这些不应该由女性单方面完成。虽然我们是陪伴孩子时间最长的那个人，但育儿过程中还存在许多责任需要由其他主体承担，比如伴侣和社会。不可否认，社会确实给我们留下了行动的空间，但对不同阶层的女性来说，这一空间的大小差异巨大。孩子必须知道：母亲很重要，但这并不意味着她要揽下所有的责任。社会对母亲角色和母子/母女关系的理解亟须更新换代，在大环境和小细节上都应该给予母亲们更多的关注。

永恒的时间难题

童年的伤口并不会因为年龄的增长而愈合，得不到治疗的创伤甚至还会继续影响下一代、下下一代。但仅仅因为受过伤害，我们就不配成为父母了吗？当然不。我们只是需要一点儿时间寻找问题的源头并进行相应的干预——至于具体需要多久，不同家庭背景的人所需的时间不尽相同：首先，他们要意识到过往的经历已经成为自己与孩子关系中的绊脚石；其次，他们要了解相关的治疗方法，知道自己应该去哪里寻求帮助；最后，他们要有时间，并且有人支持自己进行治疗。事实上，真正能够走完这套流程的家庭并不多见。

诊询实例

米夏埃拉和女儿汉娜（4岁）在日常相处中总会出现各种各样的问题。因为不知道如何应对女儿激烈的情绪起伏，米夏埃拉最终选择来到我的诊所求助。她希望自己能在女儿情绪爆发时给出正确的引导，希望能找到安抚孩子的办法。最理想的情况是从根源上改善女儿的性格，让她不再暴躁、易怒。我在谈话中发现，汉娜的怒火是有指向的——指向母亲的逃避行为。米夏埃拉是那种永远顺从孩子意愿的母亲，这让孩子感到不安。汉娜的任何愿望都不会遭到拒绝，这意味着，汉娜才是母女双方中的那个决策者。但作为孩子，她又无法胜任这一角色。我建议米夏埃拉寻找一下自己这种回避心态的根源，并对其加以纠正，争取塑造一个既有爱、又有权威的母亲形象。通常来说——在配合心理医生的诊疗的情况下，这类自我分析疗法的成功概率是比较高的。但米夏埃拉以“没有时间”为由驳回了这个建议：她希望能通过更加快速、有效的方法直接改变汉娜的行为。显然，这位母亲没有意识到自己才是解决孩子情绪问题的关键。

我们应该积极地对过去的创伤加以治疗和干预，防止其继续向下一代传递——然而，孩子一出生，大部分人早已无暇顾及这些“陈年旧事”了。因此，父亲和母亲的任务分配和责任划分就显得尤为重要。可以确定的是，亲密关系的质量会在一定程度上影响女性作为母亲的精神状态。这也说明了母亲重视自身需求和感受的必要性。很多人都有这种错误的想法：女人在生完孩子后就应该放弃其“女性”身份，从此只专心扮演好“母亲”这一角色。但人类本就是不同角色的集合体，只不过不同角色的占比会随着时间的推移而慢慢发生改变。我们可以将“自己”想象成一个容器，里面装着“好友”“爱人”“运动员/艺术家”“劳动者”等各种身份。它们错杂交织，有时醒目，有时模糊。“母亲”也是如此。有了孩子，我们的人生容器里不过多了一个身份，并不必时刻将其置于最上方加以强调。在现实中，正是由于社会对“母亲”身份的过度强调，才使我们难以满足孩子（以及我们自身）对自由的需求。

被限定住的母亲角色和在孩子幼儿时期对其过剩的情感投入很容易导致父母在孩子长大离家后患上空巢综合征（Empty-Nest-Syndrome），即失去孩子陪伴造成的悲伤和孤独心理。我们耳熟能详的“女儿是母亲的小棉袄”这类说辞也可能为母女关系埋下隐患，因为母亲预设的标准很可能成为女儿压力与焦虑的主要来源。从事家庭亲密关系与关系动态研究的心理学家克劳迪娅·哈尔曼认为：“母亲的生物学意义是不会改变的，这是自然规律。但在我们的文化圈中，这一身份往往规定了女性终身的社会角色和社会行为。在人们对‘母亲’这一角色的定义中，我们只能看到社会对女性无止境的要求和期望——它们排在女性自身的需求与愿望之前。不仅如此，在当前的社会框架下，母女之间的交流永远是“母亲”与“女儿”的交流，这阻碍了两个女性之间的多样化交流。”

时间作为一种宝贵的资源，对亲子关系的建立与维系影响很大：我们每天花多长时间以完全放松的状态与孩子相处？留出多少时间给“母亲”以外的其他身份？用于关注自身需求、修复平日“时间不足”带来的心理不适的时间又有多少？很多人似乎觉得母亲就像《哈利·波特》系列小说中的赫敏·格兰杰那样拥有逆转时间的能力，在一个小时内可以做两个小时才能完成的事情；觉得母亲可以（也必须）发展出高效的多任务处理能力。但就事实而言，我们需要的不是逆转时间的能力，而是社会和自身对时间的一份宽容、一句承认：亲子关系的建立与维系需要付出时间。

母亲的伤口是母女关系的缺口

时代和童年的创伤不因主观意志而转移，但我们可以改变自己对过去的看法，让消极情绪不再拖慢我们前行的脚步，让自己能够自由地探索新的道路。这是对我们自身的解放，更是对我们下一代最好的馈赠。反思童年和青少年时期的经历，找到如今自己特定行为模式的来源——这个过程并不容易。受个人经历和文化传统影响而形成的歧视性价值观左右着我们的思想，让我们在主观意识层面就“低人一等”，并在日常生活和行动中处处下意识地流露出自卑的倾向。要想找出这种倾向的根源，我们一方面需要反思过往经历，从自己当下的行为中倒推其历史源头；另一方面，在找到源头之后，我们要主动改变，切断消极的循环。这是极具挑战性的，但对亲子关系的发展至关重要。毕竟，作为母亲，我们最应当教给女儿的就是正确认知自我价值，让她们相信自己是对的、是好的、是被爱着的。如果我们自己在某方面还有成长的空间，我们也可以利用这方面的不足进行延伸和拓展：

如果想帮助女儿对自己的身材建立起自信，那么我首先应当想想我对自己的身材有什么样的看法。这个规则适用于包括情感、学业在内的几乎一切领域。只有学会对症下药，我们的陪伴才能更具有针对性。

挖掘自身行为背后的动机，势必牵扯到个人的经历，特别是之前提到的代际创伤。但和反思同样棘手的，是以成人的身份重新面对父母，并和他们一起梳理过去。正如前文所述，上一代人更倾向于沉默和逃避，而非直接面对创伤。我们可以尝试以尽量柔和委婉的方式开启与父母的对话。但我们即使再小心，也可能触碰两代人之间难以逾越的屏障。我们无法确定一个人是否愿意以及何时才能坦然面对自己过去的创伤，但我们至少可以在一定程度上大致还原过去的故事：谁出生于何时，在哪里经历过战争，还一路逃难，被迫在防空洞藏身？哪些人对我产生了什么样的影响，哪些人在我的童年与我十分亲近？由此，我们可以推断出他人言行背后传递的价值、信念和他们的自我认知。所有这些碎片组合起来，就是现在的我们。

反思：事件还原

请您绘制一张表格，逐一列出幼时对自己有过影响的人：母亲、父亲、外婆、外公、婶婶、叔叔、老师……每个人各占一行。然后思考：这些人对您的自信程度、自我认知有着怎样的影响？您从他们眼中看到的自己是什么样的？他们是否让您觉得自己本来的样子就很好？觉得自己无条件被爱？还是说他们的爱与您的成就、外貌、性格挂钩？或者您觉得自己根本不值得被爱？

我们如果在自我认识逐渐建立的过程中没有得到足够的支持，也就是说，需要满足一定的要求才能交换他人的爱，或者某些个人特点被贬低，那么我们就有可能在下一代身上找补，通过贬低孩子提升自我价值，或是盲目夸奖孩子，来弥补童年的缺憾。

一些来自童年的声音很可能依旧存在于我们的脑海中。这种声音可能是非常具体的——有些人的耳边甚至真的会不断出现贬低、谩骂的声音。但这些批评之声并非来自我们自身，而是童年的家庭记忆。它们一遍又一遍地回荡在我们的心中。女儿无意中的一个举动、一句话，都可能是触发这种记忆的关键。童年的经历就像一副滤镜，影响着我们对事物的认知和看法。

我们在童年接受的教育可能是有问题的，无论是对作为“女性”的我们还是对作为“母亲”的我们，这些问题都削弱了我们的力量。因此，我们的首要任务就是回顾过往发生的一切，质疑和打破社会和传统的教条，认识到自己的价值、爱自己。这个过程必然充满困难，因为我们从小就被教育不可反驳父母权威，早已默认父母所说、所做的一切都是绝对正确的。重新扒开至亲之人造成的伤口并不轻松，甚至可能极其痛苦。但与当初那个无力反抗的孩子不同，现在的我们可以通过自我治疗或寻求心理援助帮助自己解开心结。如果我们无法从根源上治愈童年的创伤，这些创伤最终极有可能成为新一代母女关系的缺口。

幼儿教育常见问题及其影响

压抑孩子的感情
难以理解、表达
和回应感情
将“不爱”作为惩戒手段
完美主义、
强迫症
*
不允许孩子拒绝
不!
没有边界感，
不会拒绝别人
批评指责
无法停止
自我批评
通过赞扬成
绩表达关怀
棒!
缺乏安全感，
依赖外界肯定

* 在这一格漫画中，绘者用重复的线条表现了完美主义者、强迫症患者内心世界与外在表现的割裂感。漫画中的灰色人像并非印刷错误。——编者注

反思:“魔咒”练习

这些“咒语”既不能瞬间改变我们的生活,也无法帮我们抚平往日的创伤。但它可以提醒我们及时转变对自己和世界的思维方式。将以下“咒语”贴在镜子上、立于书桌前,反复阅读揣摩、心念口诵,大脑自然会在潜移默化中受到影响,从而让我们接受过去的失败,接受真实的自己。

· 我要正面接纳自己的各种情绪。

· 我是有价值的。

· 我可以同情自己。

· 我不必取悦所有人。

· 幸福的童年何时开始都不晚。

· 我可以自我拯救。

· 一种疾病、一纸诊断并不能定义我这个人。

· 过去已成定局,未来犹可改变。

· 只要我想,随时可以重新开始。

· 我值得自己的原谅。

· 我不必为父母的人生负责。

· 我是父母生的,但并不因此亏欠他们任何东西。

· 我的爱出于自愿。

· 我值得被爱。

· 我值得被尊重。

- 我可以为自己发声。
- 我活在当下。
- 我可以划清边界。
- 分明的界限可以保护我的心理健康。
- 一切感受都是生活。
- 没有什么是非做不可的。

当我们意识到自己身上来自童年的创伤，察觉到它们对建立和维持亲子关系的阻碍时，很多人的第一感受可能是痛苦，也可能是愤怒。不管和父母的关系如何，有过怎样的家庭经历，我们都必须敬爱父母，因为主流文化便是如此，父母与孩子的地位是不一样的。

父母给了我们生命，但这并不意味着子女生来便对他们有任何亏欠。虽然有时我们能够理解父母行为背后的苦衷，但是“理解”不一定等于“原谅”。 上一代人承受的痛苦不应当由下一代人买单。儿童在其成长过程中最先感知到的肯定是父母缺少尊重和关怀的直接行为，而非这类行为背后的原因。只有在长大后，我们才能以不同的视角观察和反思自己儿时的经历。与单纯地责备相比，辩证地分析各方复杂的矛盾是一个非常痛苦的过程。我们需要切换视角，看到母亲生活的时代背景、她所受的教育和她的个人经历。即便如此，原谅也只是一种可能而非义务。毕竟有些行为是永远无法被原谅的。我们可以，也应当将自己从儿时“好孩子”的形象中解放出来，不必再忍受父母带来的伤害，也不必再对他们无条件地表示感恩。哲学家芭芭拉·布莱许认为："虽然大多数父母确实为孩子付出了很多，但孩子并未就其出生与父母签订某种赡养合约，表示自己定将报答和偿还。"改变视角其实是一种帮助自身获得解脱的手段，这让我们更加能够确定自己没有做错任何事。而"我有错""我有罪""我不值得""都是因为我"这类思维，恰恰是很多父母控制孩子的关键。只有打破自己的精神枷锁，我们才能更好地引导和陪伴下一代走向未来。没有人必须原谅，更没有人应当遗忘，但所有人都可以获得解放。

反思：将过往写成一封信

有时我们很难开口与父母谈论他们从前给我们带来的伤害。有时我们想说，父母却早已不在。但您可以试着把一切都写下来，写下自己的问题与遗憾，用直陈写法或抒情写法都可以。从文字中，您将清楚地看到过往伤害的具体内容和形式，认识到责任并不在儿时的自己身上。

新母亲应该有怎样的新观念？

结合社会文化发展历程和自身经历，我们就能发现那些明显落后于时代，理应被革除的事物。反思过往可以帮助我们认识自身的缺点，但发掘自己究竟想要遵循一种怎样的育儿理念不是一件易事：父母在陪伴孩子成长时需要注意哪些问题？女孩必须懂得的知识又有哪些？

在与孩子相处时，树立积极的自我形象非常重要。我们不能纠结于自己的缺点，而应该为孩子展示正面的品质和思想价值观，从而有意识地树立起一个正面的引导者形象。

所谓思想价值观，就是根据特定的标准调整自己的想法和行为。即使家庭成员各有其不同的经历背景，他们也可以在各种不同的价值观中选取最符合家庭实际的几种来参照执行，比如“尊重”“真诚”“忠实”“信任”。在通常情况下，上一代的价值观会传递给下一代，但如果现实环境发生了变化，那么下一代的价值观也会产生相应的改变。当前社会正处于转型阶段，很多上一代传下来的价值观也明显有所动摇。如果要培养出与过去不同的、强大的新时代女性，我们在教育中应当注意如下几个关键词。

接　纳

只有学会接纳，才能避免对孩子的评判和贬低。没有先入为主，没有刻板印象，有的只是对他们真实存在的接纳。每个人行为的背后都有相应的需求作为动机，而导致个体行为差异的原因是其需求被满足的程度不同。

同理心

同理心就是换位思考。在与孩子的相处过程中，我们更需要放低姿态，看到儿童眼中的世界。我们应该用理解代替暴力，解读他们的行为，实现教育方式的更新与转变。

自　由

自由是不强制，不以身份压人，这也是培养孩子抗挫折能力和自我价值感的重要前提。自由也能赋予我们更大的灵活性，让我们能够随时自我调整以应对孩子的需求。

公　平

公平是个体被他人接纳的前提，也是个体建立积极自我认知的先决条件。父权主义僵化的权力结构和独断专权的小家庭关系模式会导致弱者逐渐失去发声的机会，其自我认知也会随之受到影响。

忠　实

对人忠实意味着坚定地支持、信任他们，在任何情况下都不会背叛或违背对他们的承诺。不论是对自己的孩子还是对他人，忠实都是一条重要的价值准则。以忠实为原则行事也表达了对他人价值观的认同和践行。差异是无法被抹除的，但人与人相互支持的共同目标胜过了一切。从社会层面来看，坚持女性主义的发展方向也需要我们给予其他女性信任与支持。不同的教育经历、不同的个人观点都不能动摇我们团结一致、让女性主义在社会扎根的坚定决心。

勇　气

勇气是破除当前社会中依然存在的各种刻板印象和性别偏见的武器。勇气与忠实、包容等特征一样，让我们能够以更加强大的姿态迎接父权主义的挑战。

尊　重

尊重源于平等地欣赏。尊重孩子和他人意味着重视他们的需求和目标，从而让他们提升自我价值感。

安全感

我们能创造的安全感是有限的，因为安全感会受到很多外界因素的影响。但我们至少应该在自己的能力范围内为孩子创造一个尽可能稳定的环境。对孩子的需求、困惑、不安，我们都要尽力做出回应，从而与他们建立起信任关系，让他们愿意就各种话题与我们进行交流。

上述价值几乎覆盖了女孩成长的各个领域，在第四章中，我们会就其具体影响进行详细的论述。

“女性权利并非一个抽象概念，它不仅属于女性这一‘集体’，更关联着每个个体。它属于我，也属于你。”

——托妮·莫里森

第三章

父亲、兄弟姐妹能在女孩教育中起什么作用?

女性主义不应该“仅仅”只有女性参与。我们应当力求实现所有人的平等，让所有人——或现实一点，让尽可能多的人——都接纳彼此对平等的追求。我们不能、不必，也不应该独自承担起这份改变世界的重任。正如托妮·莫里森所言，权利平等关系着女性这个群体，但更影响着集体中的每个个体。

女性主义律师路易莎·布希纳也曾说过：“性别偏见不仅仅是女性问题，它更是全人类共同面临的威胁。”因为在这样的环境下，男性也被迫承载起特定的角色期望，被迫服从加诸男性的刻板印象。通常情况下，女性被认为是“敏感”“多情”的，而男性则与她们相对，是“果决”“强硬”的。如果长期处于这两种极端状态中，人们的身心健康将会在各个层面受到影响。

众所周知，在人的一生中，性别区分很早就开始了。小到玩具采购，大到父母对孩子未来发展的期望，无不以孩子的性别为基础。我们可以在这个时间节点就进行反制：是的，孩子可以有自己的偏好，但并非所有孩子都需要娃娃或汽车模型作为玩具。如果想让孩子摆脱性别偏见，就要先抛弃刻板印象。无论是对个体还是对社会来说，过于刻板的性别划分都是没有益处的。在拒绝小男孩玩布娃娃的请求时，我们不仅仅是在拒绝一类玩具，更是在传递特定的性别分工信号，即告诉他们，照顾孩子不在男性的责任范围之内，男性应该做些别的、更加“有意义”的事情——这既贬低了女性，又贬低了护理行业。相较于上面的例子，现实往往更为复杂。为了改变女性的社会处境，我们不仅要以自身为起点，还要以男性为切入点，着手打破限制女性的社会框架。此时，父亲的榜样作用就显得至关重要：通过观察父母的关系，女孩对两性关系建立了怎样的认识？她们在自己的家庭中发现了哪些刻板印象，体验的是一种怎样的权力关系？父亲与女儿的相处模式是什么样的，又在孩子面前树立了怎样的男性形象？

并非所有男性都是性别歧视者，但无论男女，所有人都几乎无法避免受到社会中根深蒂固的刻板印象的影响。思想新潮的父亲固然存在，但仍有一些父亲会开带有歧视色彩的玩笑，有时也会发表一些看不起母亲的言论，行事也可能独断自我。父亲对孩子来说非常重要，是被孩子敬爱的亲人；沉稳可靠、总是护着妹妹的哥哥也是许多人记忆中一抹温暖的亮色——但我们并不能用父亲和兄弟的优点掩盖他们的问题，更不用说有些父亲和兄弟本身就与这类理想形象相差甚远。

父母的关系对女儿的影响

通过阅读前几章，我们知道，伴侣关系的特定方面会给孩子，特别是女孩未来的发展带来长期影响。童年的情感经历确实关系着孩子日后的成长，但也并不绝对。只要理解了儿时的创伤会干扰我们与孩子的亲子关系，我们就能相应地调节自身行为，建立新的亲子相处模式，走出童年创伤的循环。这个规律同样适用于伴侣关系：虽然很多人在父母的争吵中耳濡目染地学会了推诿、报复、惩戒、角色倒置等种种手段，然而，是将这类解决矛盾的方式原封不动地传给下一代，还是对这类处事方法进行反思和改正，决定权在我们自己手上。仔细想来，伴侣关系与亲子关系不乏相似之处：关系中的各方都应该彼此贴近、彼此理解、彼此支持。他们能够在这段关系中获得自我实现的空间，也能获得自我价值，乐于满足对方的需求，也愿意真诚地帮助对方。其中特别重要的一点是关系双方双向的互动，也就是双方愿意维系这段关系的平衡。

平衡的伴侣关系能让孩子感受到平等的两性关系的美好，父母双方在这方面为孩子做出了榜样。不平衡的伴侣关系则会导致孩子产生认知上的偏差，让他们感觉家中的女性地位较低，母亲必须更多地牺牲自己去满足他人的需求，并将组织和管理家中大小事宜看作自己的分内之事。此外，在不平衡的伴侣关系家庭中长大的孩子还经常出现横向暴力问题：女儿在观察到父亲在家中的优势地位、领导权、决定权后，会对同为女性的母亲产生轻视心理并逐渐内化这种观念。由此看来，女性/母亲对满足自身需求的强调也是向下一代展现女性平等地位的一种手段。

在成人的关系中，争吵在所难免。很长一段时间以来，在父权主义家庭模式影响下，人们往往将夫妻间的争吵视为对孩子成长极为不利的因素。但近年来，有研究表明，只有非常激烈、严重破坏家庭关系的争吵才会影响孩子的成长——语言/肢体暴力、情绪封闭、消极淡漠、冷暴力等争吵中常见的破坏性行为都会导致儿童缺乏安全感，从而引发儿童出现适应障碍、成绩波动以及与同龄人交往困难等诸多问题。如果家长能够注意以合理的方式表达情绪并化解矛盾，那么争执本身并不会对孩子的发展产生太大的影响。如果矛盾爆发时孩子就在现场，家长可以请他们陪同见证争端后续的解决过程。我们可以将日常的矛盾作为教育的契机，帮助孩子学会合理应对问题。

反思：平衡的伴侣关系

您如果正处于婚姻或恋爱关系中，可以试着总结关系双方的需求点，并观察它们是否平衡。以下是一些可供参考的例子：

· 您最基本的睡眠、饮食和性需求能否得到满足?

· 您是否有充分的经济保障以应对离婚或失业等情况？
· 您在群体归属、人际交往、情感慰藉等方面的社会需求是否得到了合理兼顾？
· 在这段关系中，您在个体需求（信任、价值、成功、独立）与自我实现（发掘潜能、达成目标）方面又能打几分？

对　话
尼尔斯·皮克特：我的人生合伙人

尼尔斯·皮克特在大学时主修文学与政治学专业，现在主要以自由撰稿人的身份活跃于各大媒体平台。在他2020年出版的作品《公主男孩》中，尼尔斯列举了男孩在社会中可能遇到的性别陷阱，同时也探讨了剔除教育中对男性的刻板印象的方法。2022年，他出版了另一部作品《人生合伙人》，主要聚焦于探索婚恋关系中的伴侣平权。此外，尼尔斯·皮克特也积极投身于“拒绝粉红”（Pinkstinks）等反性别歧视的运动。

尼尔斯，正如新书《人生合伙人》的书名那样，你在生活中也将妻子戏称为自己的“人生合伙人”。这听起来很浪漫，也很亲密、很坚定。在你看来，平等关系中最重要的是什么？

虽然“浪漫”在这里是一个褒义词，但“浪漫的爱情”与“平等的爱情”其实很多时候是冲突的。浪漫的爱情是非常高层次的，讲的都是“命运”“永恒”“跨越生死”之类的命题。平等的爱则落实到个人生活。只要愿意，每个人都能够在关系中有决定权。平等的恋爱关系建立在双方对彼此需求与兴趣的接纳之上，我们的一切行为都是这种接纳的体现。如果我希望追求自由、实现自我、获得关注、得到欣赏，那么我的“合伙人”必然应该享有与此同等的权利。但权利平等并不等于个性相同，比如我就比我的妻子更乐于烹饪。即便如此，我也不必永远守在灶前，因为我和妻子一样享有休息的权利。同理，就算妻子哄孩子睡觉更快、更有效，我也不会将此视为她的“分内之事”。显然，平等的爱情需要一个良好的交涉环境。

并非每段关系都是平等的。除了社会因素，个人态度也会对恋爱双方的地位产生重要影响。我们应该如何与伴侣谈论“平等”这个话题?

我觉得关系契约论就是一个很好的切入点。不管是摆到台面上的规则，还是心照不宣的约定，本质上都是一种契约。契约中往往包含了一段关系中的所有要点：伴侣应如何对待彼此？要不要孩子？家务怎么分配？诸如此类。主动践行公平契约精神的伴侣越多，契约内容越贴近实际，男女平等的可能性就越大。很多人容易受传统观念影响，认为把恋爱谈成合同是一件很伤感情的事情。但其实彼此协商、制定规则的过程正是交流情感的大好机会。浪漫蒙蔽了我们的双眼，让我们觉得一切都是命中注定；平等则提醒我们反思，我们是否以及以何种方式兑现对彼此的承诺。

对刚刚接触平等概念的"初学者"，你有没有什么具体的建议？

平等的恋爱关系是对不平等现实的反抗。因此，亲爱的合伙人们：让我们从走出充满限制与干涉的两性关系开始，改变社会不平等的现状。同时，我们还要记住交涉中的每一次失败，从而提醒自己平等之路的漫长与艰难。平权不是既定的社会现实，不是我们伸伸手就能够到的东西。每个人生来都是一个独立的个体，与他人达成平等共识需要极度的自律和不懈的努力。我们要有勇气坦诚地对待自己和他人，并与伴侣一起跨越自身的狭隘。关键词有四：善意、真实、灵活、好学。珍视自己的爱人，不过度美化自己，不以恶意揣度他人，此为善意。坦诚面对自己的需求与愿望，此为真实。人们太容易将自己的形象理想化，不接受自身世俗的愿望。但在这种虚幻的角色定位下，我们只能猜测彼此的想法，从而忽视关系双方最基础、最现实的需求。认识世间万物的流动性 ，不为自己或对方的变化而自责、痛苦，此为灵活。今日的你已不同于昨日的你，与其抓着过去不放，不如学着每天重新认识自己和伴侣。而不断重新认识的前提，就是好学：她/他是怎样的人？关注哪些事？立场又如何？只有发自内心的兴趣才能让我们提出问题，追寻答案，并定期复盘二人的关系。

离异家庭

据统计，2020年，在德国，父母离异的未成年人数量超过了119 000人。显然，父母离异已经成为当代不少儿童不得不面对的现实。与大多数人想的一样，父母的长期争执会严重降低儿童的安全感。在最终婚姻破裂的情况下，如何稳定孩子的情绪，保持正常的亲子关系，是我们关注的重点。激烈的矛盾可能导致婚姻破裂，但婚姻关系的结束并不意味着问题的解决，后续的种种事宜，特别是抚养权的分配，依然是矛盾的焦点。我们已经知道，儿童的归属权自古以来在父权制社会中都占据着非常重要的地位。前有父母双方的矛盾，后有二者为了儿童的抚养权而产生的争执——长期下来，儿童会产生包括情绪不稳定、成绩退步、社交能力下降、精神健康受损等一系列问题。现代研究表明，单亲家庭的孩子在成年后出现精神问题的概率更高，而问题的苗头很可能在童年父母离异时就已经出现了。

离婚本身不是悲剧，离婚过程中孩子受到的创伤才是最令人痛心的。克劳斯·沃格尔、安德烈·舒尔茨、维奥莱塔·沙恩等学者认为，“问题的关键不在于是否离婚，而是怎么离婚”。说到底，父母对孩子的心理教育永远是最重要、最有效的。我们要时刻注意自己的行为，将孩子的感受放在第一位。让他们知道自己并没有错，同时增强他们对挫折的抵御能力。

目前尚没有数据能够表明德国有多少离婚案件是激烈的家庭矛盾引起的。然而，激烈的家庭矛盾其实对儿童的未来发展来说极度危险。离异的夫妻双方常常为了争夺孩子而彼此针锋相对，言语间常常相互中伤、贬损、斥责。这会对孩子幼小的心灵及其日后的成长造成难以弥补的伤害。因为成人的言行能传达出他们的自我认知和角色定位，孩子很容易通过观察而内化家长的价值观念。不管是在创伤心理教育还是在女性启蒙上，家长的传导作用都是一个非常值得思考的切入点。

说到底，争夺孩子也是在争夺权力。金钱、房产、赡养费，其中任何一方面的损失都伴随着恐惧、无力、无助等消极情绪。近年来，父母离间综合征（Parental Alienation Syndrome, PAS）成为一个倍受媒体关注的话题。“父母离间综合征”是1985年由美国儿童心理学家理查德·加德纳提出的一个概念，他认为离异夫妻中抚养孩子的一方会借机向孩子灌输另一方的缺点和问题，从而导致另一方在亲子关系中受到排斥。但这一观点目前并没有得到证实。即便如此，在很多男性要求获得抚养权的案例中，这种未被证实的“父母离间综合征”仍会被作为论据引用。

事实上，孩子希望由谁来抚养自己，可能不是因为听到了针对某一方的“坏话”，而是因为孩子基于早期经历形成的依恋层级关系：儿童的依恋状况确实会影响其对抚养人的偏向。德国的一项二次评估在综合分析了103份专家调查报告后证明，儿童的依恋经历与其居住意愿呈现高度一致性。不仅如此，研究还明确显示：父母试图影响孩子，通常只会对孩子的意愿产生较小的影响。

对父亲的“疏离”要更多地归结于社会体系，以及这个体系要求母亲单方面承担抚育责任。当然，在部分离异案件中，母亲或儿童受到的精神/肢体暴力也是影响儿童情感发育的重要因素。儿童对亲密关系的看法、父母的抚育行为、父母的感情是儿童成长中的几大关键因素。尚未进入学话阶段的婴幼儿更需要专业的抚育和情感发育评估，而承担这一任务的人往往就是母亲。母亲包揽了儿童绝大部分情感发展和其他各方面的抚育工作，到离婚时还要被指责“刻意让孩子依赖自己”，这显然是不公正的。当然，提出这类指责的并不仅仅是孩子的父亲，包括青少年监管部门在内的其他社会单位也会做出类似判断。总之，儿童需要与父母建立稳定的信赖关系，父母在离婚时应当注意恰当地处理矛盾，做出对双方、对孩子最有利的决定。虽然现代社会在这方面已经有了一定的改变，但我们仍然有进步的空间。

反思：解决矛盾

从上文可知，父母的离婚方式会给儿童的成长发展和自我认知带来重要影响。因此，伴侣在产生矛盾时应当充分顾及孩子的感受，有技巧地处理问题。当然，矛盾爆发后的安抚与解释也不可或缺。因此，与伴侣提前协商争吵后的处理方案是维持健康亲子关系的重要步骤。

为何我们需要“新式父亲”？

我于2021年在社交平台上向家长们发布的调查中，除了“您与母亲之间（曾经）存在什么样的问题？”，还有一个问题是“您与父亲的相处模式是什么样的？”。这个问题同样收到了百余条回复，但这些答案彼此之间从整体上看并没有太大差异。虽然网络调查在权威性上无法与官方统计相比，但为了更加直观地了解大多数为人父母者与他们父亲的关系以及他们对父亲的印象，我还是梳理了出现频率较高的关键词。

- 不顾家
- 情感疏离

· 暴力
· 淡漠
· 令人恐惧
· 无条件的爱
· 高要求
· 不可亲近
· 态度冷硬
· 酗酒
· 充满掌控欲
· 不参与育儿
· 老实
· 风趣
· 权威

如我们所见，很多父亲也在陪伴孩子成长的过程中表现出了特定的情感缺失。作家吉吉·博拉曾在她的书中写道：“我见过很多成年或未成年的男性，他们默不作声地忍受着恐惧症和抑郁症的折磨，因承受情感和精神上的创伤而感到不堪重负，或是对他人和自己毫不留情，因为他们从小到大受到的教育就是这样的：男性就应当坚强、果决、理智，活得像一个战时的士兵，不流露出感情，不屈服于创伤，不为任何苦难所动摇。……社会看似偏袒男性，但又在实际上限制了他们的自由和发展，最终推着他们走向自我毁灭。”新兴的社会基因组学*的研究成果表明，丰富的情感交流和表达能够激活我们身体里有益健康的基因，而淡漠自私的生活态度则可能增加心血管疾病、阿尔茨海默病甚至是癌症的患病风险。战争留下的阴影、代际传递的创伤、童年遭受的暴力、刻板僵化的定位——虽然与女性受到的影响不

* 社会基因组学是一个研究不同社会因素和过程（如社会压力、冲突、孤立、依恋）影响基因组活动的原因和方式的学科。——编者注

尽相同，但所有这些因素在男性身上留下的创伤也是切实存在的。同样不可忽视的，还有这类教育给个体身心健康，以及整个教育体系带来的不良后果。

因此，我们迫切地需要“通情达理”的“新式父亲”。“新式父亲”给女儿的成长和发展带来的影响是非常具体的。英国哥伦比亚大学的一项调查显示，如果父亲习惯于承担公平分配的家务劳动，那么他们的女儿在长大后谋求职业发展的概率就会更高，也更不容易受到传统性别刻板印象的影响。其他研究也证实了父亲在女儿职业生涯发展，特别是在上进、自信和独立性等方面的关键作用。在与女儿一同玩耍的过程中，父亲也可以增强孩子的体能训练意识，从而避免她们在外界影响下发展出刻板的性别偏好，进而促进女孩的全方面发展。总而言之，要培养“向前一步的女孩”，开明、包容的“新式父亲”就是一个不可或缺的前提。他们自身要能从社会对男性角色的种种定义中解脱出来，允许自己拥有和释放感情，这样才能支持女儿去做她们想做的事，成为自己想成为的人。

当然，我们不仅要重新思考家庭内部的角色分配，而且还要时刻提醒自己对社会交往中的不合理现象保持警觉。很多人都见过那种“搞笑”的男式T恤，上面印着“我的确有一个漂亮的女儿，但（要是任何人敢动她）我也有枪，有铲子，有不在场证明”。这句话的重点虽然在于强调父亲性格粗犷却能提供强大的安全感，但在一定程度上也暗示了男性对女性的所有权，意图将我们重新带回父权主义的掌控之下。除了法律层面的保护，女性当前迫切需要的是整个社会在思想和行为上的转变：不论年龄大小，所有女性都应当享有平等的权利与待遇，不遭受任何形式的歧视和暴力。只有营造出平等尊重每一位女性的社会环境，她们才能真正得到保护。作为父亲，男性应当在性别歧视和不公现象出现时及时制止，而非等到自己的女儿成为受害者后才幡然醒悟。对不公，我们无须容忍，更不必掩饰。不管是对低俗的笑话、公然的贬低、街头骚扰，还是对女性着装的议论以及其他各种形式的权力滥用和无度侵犯，我们都要在第一时间认清它们所折射出的社会态度，并及时加以阻止/警觉，无论事情是否发生在自己的女儿身上。

这种“高敏感度”的生活方式在一定程度上可能让您在交际圈中显得格格不入，但这恰恰是在通过自己的行为向他人传达保护自我价值的重要性，从而达到以个体驱动社会变化的目的。英国喜剧演员丹尼尔·斯洛斯在讲述自己的经历时曾经说过：“我们中间存在着一头披着人皮的怪兽。……多年来，我都对它视而不见，总觉得自己应该是问题的答案而非问题本身。但这种想法其实是无知且危险的。……‘如果哪个性侵犯碰上我，那么他可要吃不了兜着走’——我常常倾向于在脑海中预演自己未来的英雄行径，却将现实中的懦弱和失败一笔带过：我长期对某位男性友人在与女性交往时的可疑态度选择视而不见，最终我的女友被他性侵。这是发生在我身上的血的教训，也是我至死都必须背负的沉重罪责。”

令人振奋的是，早在几年前，公众就开始重新审视和思考父亲的角色以及父子/父女关系的意义。相较于过去几代男性，现在的很多父亲也愿意花更多的时间陪伴孩子成长。父亲们开始主动陪孩子玩耍，负责接送孩子上下学。瑞士教育研究所所长，前瑞士弗里堡大学教育科学学院教授玛吉特·施塔姆甚至发现：“现如今的家庭生活与以往差别之大，甚至用‘一次无声的革命’来形容也不为过。70%的

告诉孩子所有感受
都是人生的一部分
儿童形成对男性的
正确认识
不被性别偏见束缚，
陪伴女儿玩耍
减少儿童对
女性的刻板
印象
主动参与
家务/育儿
用具有建设性的
方式解决问题
稳定的
情感依恋
明确自身在性别主
义和性别不平等问
题上的立场
通过个人行为
积极改变社会氛围
善用男性育儿假

男性表示，自己在家庭中扮演了与上一辈人完全不同的父亲角色，并对这种改变做出了十分积极的评价。”但施塔姆同时也注意到，付出时间的多少与父母对孩子的价值并不一定呈正相关，特别是当父母开始过于关注孩子，以至限制孩子自由的时候：虽然父母愿意花时间给孩子提供高质量的陪伴是好事，但如果因此妨碍了幼儿独立性的发展，结果只会得不偿失——自由对孩子而言同样重要。

作为大多数女孩人生中最重要的男性榜样，父亲们在家务劳动中的付出显然是远远不够的：2018年，德国联邦家庭事务部的一项关于已育男性的调查显示，半数父亲平时只会负责很小一部分家务工作，10%的受访者则表示他们（几乎）不参与家务，真正承担起半数以上家务劳动的男性人数只占总受访者的38%。在这样的现实背景下，我们关注的重心不应再局限于已被大众熟知的性别工资差距（Gender-Pay-Gap），性别抚养差距（Gender-Care-Gap），即育儿分工不均，也要作为新的议题进行讨论。事实表明，不管是对儿子还是对女儿而言，一个积极参与育儿、主动分担家务的父亲都能带来非常显著的正面影响。德国社会经济小组还在其一项研究中发现了一个有趣的规律：大部分选择休育儿假的男性在家务劳动方面也表现出了更高的积极性。

除了个体观念的转变，政策支持也是平等之路上不可或缺的推动力量，是当下与未来实现育儿责任公平分配的制度基础。德国青少年中心家庭生活方式与状态研究小组主任克劳迪娅·泽勒-艾尔塞斯博士认为，父亲在家庭事务中投入的精力大小在很大程度上与他们所从事的职业有关。很多男性不愿意休育儿假，也是因为休假补贴与日常工资间的差距过大。相较于女性，男性从事兼职的情况更加少见，他们身上往往承载着家庭中主要的经济责任，也因此更难取得家庭与工作间的平衡。克劳迪娅因此发出呼吁："政策很重要！政策可以引导人们的行动。"

而"新式父亲"自身的努力也同样不可或缺。知名记者特蕾莎·比克尔对此有过一段十分恳切的论述："在现代社会中，男性（特别是作为父亲）在思想和行为上的主动转变需要依托关于性别角色、多元文化、两性团结的社会性讨论。男性休育儿假这件事本身并非最终目的。因为哪怕男性在家庭上付出的时间和精力再多，女性表面上获得的空间再大，只要他们自身还没有从传统性别角色的束缚中解放出来，真正的改变就无从谈起。没有个体的主动性作为驱动，仅仅坐待社会替我们调整薪酬、提高女性在领导层中的比例，从而让'家庭主夫'成为常态，这显然是不现实的。"

在家庭中树立怎样的母亲形象？

心理学家帕特里夏·卡马拉塔在她的畅销作品《走出精神负担陷阱》的开头写道："爱不是华丽的言语，而是真诚的行动。"书读至此，很多人可能短暂地受到鼓舞，想要通过推动社会框架调整和转变个体家庭行为模式来为下一代女性的平等铺平道路。但实际上，家庭是一个比社会更加棘手的存在。因为社会大部分时候并不会细究个体的言行，而在家庭中，我们往往还需要处理好来自亲人和爱人的情感反馈。观点信念、角色身份、陈规旧制，这些都是长期存在、难以打破的现实。亲密关系需要稳定性和安全感，但改变可能动摇这两点。关系越近，沟通越难，改变也越难。

个人的力量是有限且彼此间存在差距的——不是每个人都有勇气、有能力进行改变的，也不是所有家庭都拥有足够的经济实力来支撑公平的任务分配，更何况有人连思想上的转变都尚未完成。在很多亲密关系中，伴侣双方在平等问题上的见解相差甚远，也很难接受彼此的改变，更不愿意主动了解和迁就对方。即便如此，我们也依旧可以找出每段关系中的共同基础和薄弱之处，为养育向前一步的女孩打下基础。

在家庭生活中，我们必然会遇到一个无法绕过的难题：什么是爱？或者说，怎样实践爱？在精神分析心理学家艾里希·弗洛姆于1956年出版的著作《爱的艺术》中，他将爱情的要旨描述为“双方认识并接纳彼此作为个体的独特性，发自内心地期待对方与自己在这段关系中有所发展、有所收获”而非“一方凌驾于另一方之上，将对方视为自己的所有物”。弗洛姆还认为，“亲密关系不是舒适区，它意味着关系中的各方不断地磨合调试、协调合作和成长进步”。

不仅仅是伴侣之间，亲子之间的相处也大都符合这一规律：个体的心理状态和道德观念始终处于发展变化之中，同时也不断受来自外界环境的影响。因此，爱一个人，就要允许她/他改变，并和她/他一起成长。维系爱的过程，就是接受他人改变、驱策自我改变的过程。人是社会性动物，需要与周围环境进行互动。如果在一段关系中，我们没有获得正常人应有的尊严，得不到个体发展上的支持，那么这段关系便不能被称为“爱”。即使双方可以借由这段关系满足诸如性、情绪等方面的特定需求，但它依然与无私的爱有着本质上的区别。

爱也是一门功课，一门接纳他人个性、支持他人发展的功课。身为父母，身为夫妇，我们与伴侣应该永远站在一起，时刻关注对方的需求与改变，将无条件的爱倾注于彼此和孩子身上。如果您感到自身没有得到足够的、全面的重视，而只是以众多身份中的某一个（比如“母亲”）在参与家庭生活，这时您就应该和伴侣一起坐下来谈谈。沟通永远是解决问题的最好途径。当然，这一切的大前提是您要意识到自己作为独立个体的权利，理解自身需求的重要性——“我很重要。我不仅仅是社会舞台上的一个角色，更是一个活生生的人。”若能够在伴侣和其他家庭成员面前明确这一点，您就已经成功地迈出了第一步。

当您已经做好表明自己的态度和立场的准备，并阐明尊重作为健康关系基础的重要性后，改变自然水到渠成。但这里依旧有一些细节值得留意：自由和责任往往同时出现在哪些领域？它们一般呈现出怎样的分配方式？养老育幼、经济管理、保险投资、职业安排、休闲娱乐、亲情与爱情这几大方面该如何平衡？记者兼作家比尔克·格吕林曾对关系中的公平与妥协有过非常贴切的描述：“我们要做的事情与一场文化变革无异：挣脱传统性别框架、打破刻板角色期待；讲求实用主义、学会合理放弃。”

反思：合理分配“关怀”方面的工作

亲子之间的相处关键词是“同理心”，是“体贴”，是“关怀”。不论对我们自身、我们的另一半、我们的女儿，还是对整个家庭的情感维系来说，相互理解、彼此关心都是非常重要的行为准则。您如果正处于一段亲密关系之中，可以利用这个机会，与伴侣一起思考“关怀”方面的工作分工：双方的付出主要体现在哪些方面？哪些地方运转良好？哪些地方需要改进？

仔细分析生活中的不同任务领域，明确每一方的具体职责：家务劳动、亲戚来往、照顾孩子、护理工作、情感交流（谈论问题/提供安慰）、维系伴侣关系（时间规划/休假安排）。优质的关怀离不开同理心，离不开对性别刻板印象的反制。平等分配家庭生活和伴侣关系中“关怀”方面的工作，可以对孩子的角色认知和长期发展产生积极的影响。

兄弟姐妹间的竞争

很长一段时间以来，兄弟姐妹的关系在情感研究中都没有得到足够的重视，但同辈间的关系往往伴随我们最久。与趋近垂直的亲子关系不同，兄弟姐妹有着更加平行的交往模式，这种交往模式会在孩子未来的关系发展、心理成长和角色塑造等方面产生一定影响。此外，家庭中的孩子由于身处同一框架下，常常出现彼此牵动的情形：其中一个孩子生病，其他孩子的成长也会受到影响；父母的偏心同样会改变孩子们的自我认知；来自同龄人的暴力也会给孩子的成长带来不可磨灭的阴影。

家庭是一个动态的体系，父母对孩子、孩子对父母、孩子对孩子都会产生交互影响。让我们从父母开始谈起：多子女家庭的父母最常犯、又最难承认的一个错误就是偏心。对“是否平等地爱着每个孩子”这个问题，大部分家长都会理所当然地给出肯定的答案。但有关父母偏心现象的研究（是的，对此甚至有专门的研究）表明，事实并非如此：父母对待不同孩子的态度差异是非常明显的。心理学家于尔格·弗里克甚至认为，“父母的偏袒更近乎常态而非例外”。偶发的、不严重的偏心本身没那么可怕，问题的关键在于我们能否认识到自身态度的倾斜，并努力纠正，从而避免孩子们对彼此产生敌对心理。在本书的开头，我们就提到过很多父母会对尚未出世的孩子进行性别预设。仅仅是这种预设，就可能导致孩子在自身角色期望、性格发展以及能力喜好等方面受到影响。

“一直以来，父亲对我和对哥哥的态度简直判若两人。哥哥可以随便和父亲嬉笑打闹，父亲也乐于配合，场面总是十分融洽。但我如果开一个同样的玩笑，却只会得到一顿痛骂。父母结婚二十五周年时，民政局的一位工作人员帮他们列数了‘婚姻中的里程碑’，哥哥显然占据了其中的很大一部分：优异的高考成绩、出色的学业表现、在德国乃至欧洲范围内顶尖的运动才能。而他们从我身上挑选出的，只有‘考了驾照’这个勉强能拿得出手的事——毕竟在父亲的认知中，我就是这么一个成绩平平、表现一般，与整个家庭格格不入的女儿。”

——安尼卡

随着时间的推移，孩子会尝试着将自己与兄弟姐妹区分开来。很多儿童会发展出特定的偏好来强调个性、博得认可。心理学家于尔格·弗里克认为，“从长期来看，一个家庭只能保留一种角色模式和定位”。因此，孩子从父母的反馈中获得的自我认知就显得更为重要。举个例子：如果第一个孩子是一个机灵顽皮的男孩，第二个孩子是女孩，那么除非父母有意引导，否则女儿和儿子的性格特点是不会重叠的。同样，如果姐姐已经具有了“懂事”“聪慧”等特质，那么弟弟很可能就是一个“捣蛋鬼”，需要姐姐的照顾。当然，性格倾向的发展是建立在每个孩子原有的人格特点之上的。父母自身的童年经历和与兄弟姐妹的相处模式也会传递给下一代，影响下一代的发展方向。

在所有的倾向中，我们尤其要警惕偏心导致的暴力问题：不受宠爱的孩子更容易成为父母怀疑与责备的对象，而受宠的孩子则往往可以免受惩罚。长此以往，儿童之间的矛盾会逐渐累积，最终失控、爆发。子女之间的暴力也是一个虽然少有研究涉猎、但切实存在的问题。在不平等的权力结构下，享有父母偏爱的施暴儿童会（下意识地）遮掩自己的恶行，而被施暴者只能选择承受。

不难看出，很多父母在现实中其实并没有自己想得那么客观公正。但认识并承认自己在态度和行为上的差异，及时反思，主动调整，这些都是我们能力范围内的有效补救措施。父母可以通过积极的自我改变来避免刻板印象对孩子的束缚，同时给予孩子充分的自由，让他们不受偏见影响，找到适合自己的性格偏好。

儿子的教育

在多子女家庭中，父母的态度差异甚至可能影响孩子的整个人生道路。兄弟姐妹的动态关系会投射在孩子未来的职业中，影响个体的团队合作能力。男孩幼时接受的教育决定了他们以后在社会中的身份和他们对待女性的态度，家庭教育也因此在后代发展这一层面具有特殊的意义。要在性别平等之路上走得长远，我们不仅需要更好地引导女孩，同时也要注意对男孩的培养。新一代人的成长需要漫长的时间作为铺垫，所以我们更应当多轨并行，从女性教育、暴力预防、对暴力行为的法律惩戒等多方面着手，促成改变。

父母基于性别而对孩子采取不同的态度是不可取的，因为性别并不能说明一个人的脾气、兴趣和性格。在探讨如何支持女孩发展时，尼尔斯·皮克特和吉吉·博拉等人也曾强调，社会应当消除教育中的性别偏见，同时帮助男孩认识和走进自己的感情世界。因为共情能力的好坏牵扯到孩子多个方面的发展，所以我们更应当将情感教育的重点放在儿童同理心的培养上。此外，由于针对女性的暴力行为大多来自男性，因此，在对男孩的教育中加入（长期）暴力防范模块也非常重要。我们要营造一种无暴力的社会氛围，向下一代传递反对暴力的价值观念。这里的“传递”并非指说教，更非威胁或惩罚，而是用实际行动给儿童树立榜样。

在对女性施暴的成年男性中，很少有人在小时候就被刻意灌输过“女人应该承受暴力”等明确带有歧视性的观点。他们更多的是在幼时经历的各种事件中内化了“女性处于弱势地位”这一事实，并在潜意识中将自己置于强者的位置，再加上各种陈腐教育方式带来的消极影响和部分情况下人体内部的基因导致的攻击倾向，最终对女性施暴。我们应当通过教育让孩子知道暴力并非发泄情绪的正确途径，引导他们通过其他方式解决他们所面对的问题。传统教育思路将暴力倾向美化为“男孩的天性”，会固化孩子对性别的刻板印象，给他们的发展带来长期的消极影响。鉴于我们无法在本书的篇幅内顾及男孩教育的所有方面，所以在此我只以兄弟姐妹之间的相处为例，列出日常生活中难以察觉的不公现象。

反思：多子女家庭的公平性

公平不等同于罔顾个性需求，事事保持一致。也就是说，父母对不同孩子进行合理的区别对待是被允许的。但同时，父母也应当对生活中的性别标签保持警惕，认清自己不同的态度和行为背后显露出的究竟是平等思想还是性别刻板印象。

- 儿子和女儿是否均等地承担家务？
- 自己能否与每个孩子保持同样的交流频率？
- 每个孩子是否都拥有表达多样情感的可能？自己能否同他们就这类问题进行平等讨论？
- 在家庭事务中，孩子有没有自己的专属分工？如果有，这些任务与她/他的性别有无关联？
- 家长能否鼓励孩子跳出传统社会性别限制，做一些不被定义的尝试？比如带女孩冒险，让男孩学做菜？

· 男孩和女孩的零花钱数额是否相同?

· 父母能否为每个孩子的人生进行平等的投资储备?

· 不同性别的孩子收到的节日礼物在数量、取向（如送女孩娃娃屋，送男孩益智玩具）上有没有区别?

· 我们是否会根据孩子的性别禁止他们参与特定的娱乐活动?

· 男孩和女孩被允许初次离家的年龄是否相同?

· 不同性别的孩子能从父母那里得到怎样的性教育? 在避孕知识的科普程度上，男孩和女孩有没有差异?

“如何成为母亲，如何当好女性，如何在男性主宰的世界中解放自己？如果‘母亲’‘女性’等概念本就是男性中心语境下的产物，是服务于父权制社会结构的思维工具，我们又该怎样确保自己对它们的自主使用权？”

——弗朗西斯卡·舒茨巴赫

第四章

如何培养向前一步的女孩?

带着历史与现实的重任，我们终于行抵本书的终点。同时，我们也站在下一代女孩自由成长之路的起点上。这是一段并不轻松的旅程，但所幸，我们在途中找到了女性生存重压的来源，并可以将其化为动力驱策自身继续前行：放下过去，面向未来，用全新的自我认知增强孩子对歧视、欺凌和刻板印象的抵御能力，让她们更加自信；摆脱羞耻，打破禁忌，培养她们坦诚交往和理性思辨的能力。请不要怀疑，您完全能够做到。您甚至现在就可以牵起孩子的手，并在心中为自己打气："我就是要在这条全然不同的道路上走下去！孩子的实际需求就是我唯一的指引。"然后同她一起大大方方地迈步向前。

不可否认，性别平等之路道阻且长。即便拥有再丰沛的情感、再坚定的意志，在强悍冷硬的传统思想压迫下坚持改变都不是一件容易的事。幼儿园老师可能告诉我们的女儿，女孩就应该穿粉色的衣裙；也许她会自己翻开一本时尚杂志，将自己与模特进行比较；也许她会在街上平白无故地被骚扰，也可能在感情中屡屡受伤。但是，我们可以通过自身的言行向孩子传递力量，让她们认可自己本来的样子，从而更好地应对来自外界的压力，勇敢地捍卫属于女性的权利，对父权主义产生"免疫力"。虽然单凭个体的力量很难撼动不公的社会现实，伤害有时候也难以避免，但我们可以用陪伴和教育将传统社会观念和架构对女孩的影响降至最低。不论如何，改变都好于闭目塞听、安于现状。

在这一章中，我们将会了解如何生成对传统思想和女性刻板印象的“抗体”。我们会从以下几个方面着手，增强自身和下一代对传统思想和女性刻板印象的抵御能力：

· 自信
· 独立性
· 自我认知、自我接受、自我关怀
· 交往能力
· 教育与发展
· 提出反对意见、应对压力和解决问题的能力

接下来的章节将围绕这些关键方面展开，同时以浅显的理论对母亲们的日常言行及亲子间的相处实践进行指导。

整体认知女儿的成长

在分析不同领域传统思想和女性刻板印象的抵御策略之前，我们要对孩子的成长发展有一个整体性的认识。大多数亲子关系问题源于父母对孩子的能力和发展的不切实际的期待。除此之外，我们自身的经历和所处的社会环境都会影响我们与孩子的相处。社会刻意放大的

羞耻感就是一个典型的例子：在封闭、保守的社会氛围下，我们就很难以开放的态度带孩子了解身体在不同发育阶段的变化。我们透过传统思想的滤镜，可能把孩子很多正常的行为看作“错误”或“不合时宜”的，这实际上说明了我们对儿童成长发育规律的无知。

在第一章中，我们已经了解了“按性别偏见施教”的问题，因此，我们更应当尊重每个孩子作为个体的独特性。在实践中，父母应当根据儿童的实际特点对其个性发展和性别意识的发展加以引导，先花足够的时间观察孩子的成长趋势，然后再思考自己应当如何以最恰当的方式支持她们的发展。

婴儿时期

早在出生的第一年，婴儿就开始在好奇心的驱使下探索自己的身体了。在探索的过程中，他们可能在无意间触碰到自己的性器官，从而获得对“性”的最初的感观认识。即便只是懵懂的婴孩，他们的性器官在受到刺激时，同样可能出现勃起或阴道分泌液体等生理现象。从这一刻开始，他们就已经迈出了自我（身体）认知的第一步。在与照顾者的互动中，婴儿会逐渐认识到自己是一个独立的个体，同时会形成对自身的初步理解。“互动”在这里的意思是，“一个人的行为状态（比如‘发声’）……影响另一个人”。二者的共鸣相互作用，为彼此带来改变。正因如此，我们会被他人的快乐和悲伤感染，会在与人交往时调整自己的手势和表情。

人类能够感知他人的情绪并给出相应的反馈，成人与幼儿在相处中也是如此。婴儿的大脑会解读并储存成人互动行为中的信息，并在此基础上生成人生初期的自我认知。我们的行为也因而在一定程度上具有塑造孩子早期世界观，特别是性别观方面的重要意义。比如，在婴儿排泄后，我们进行清洁工作时，能否清楚、客观地说出隐私部位的名称而不用各种含糊不清的词来替代？我们是不是总喜欢给女儿买一些可爱、漂亮的小裙子，想把她们打扮成被大众认可的样子？——在营销广告铺天盖地的现代社会，哪怕是刚出生的女孩，卖家也总有办法为她们设计出紧身牛仔裤一类的“时尚单品”，吸引母亲们驻足购买。但很多漂亮的衣装会限制孩子的活动自由，间接影响她们的发育和发展。

幼儿时期

随着年龄的增加，孩子对身体的认识也逐步深化，他们开始能够感受到自己与异性在生理上的区别，也由此产生了对异性强烈的兴趣。不仅是同龄孩子，父母和兄弟姐妹等其他家庭成员，甚至是一个路人，都可能成为他们研究的对象。只要念头一动，孩子们就可能不分场合、不分地点地提出问题，寻求答案。但由于成人和儿童羞耻感的阈值不同，这些问题有时确实不那么容易回答：如果在拥挤的列车上，孩子突然指着一名女性，好奇她“肚子里是否有一个宝宝”——但实际上这名女性只是略显丰满——那就很尴尬了。通过观察父母的反应，孩子很快就能总结出自己的家庭或文化环境中带有羞耻意味的事物。因此，我们在回应孩子的疑问时不仅要严谨措辞，更要注意羞耻感的流露，从而让孩子学会如何面对自己和他人。久而久之，孩子会发展出对个人隐私和羞耻感的感知能力。当孩子出现暴露或刺激性器官倾向的时候，父母更应当加以重视，正确引导。

诊询实例

女儿米娜（3岁半）的奇怪表现让母亲卡萝拉深感不安：自从在幼儿园里参加过一次“医生游戏”之后，米娜就对这个游戏表现出了极大的兴趣，不断要求其他孩子陪她进行这样的角色扮演。有一次，女儿甚至在另一个小朋友面前脱掉衣服，并希望这个小姑娘也能与她“赤裸相见”。此举不仅惹恼了那个小姑娘的家长，也让卡萝拉开始担忧女儿是否会因为太过“开放”而遭到排挤。此外，卡萝拉也承认，自己确实不认可孩子对隐私部位百无禁忌的态度。她不断反问自己，究竟是幼儿园的大孩子“带坏”了女儿，还是女儿本身有哪里不对劲？自己又该拿这样的孩子怎么办？对此，我的看法是：首先，这位母亲应该知道，对身体的好奇是儿童发育过程中的正常现象。其次，她可以尝试以对话的方式提醒女儿认识自己与他人之间的边界。

对身体的兴趣和探索欲可以说是孩童的天性，孩子试探性地触碰自己的隐私部位也实属正常。重点是，孩子需要一个安全的空间来完成这样的探索，不受其他儿童或成人的干扰。在地铁或公交车等公共场合，我们可以结合场景告诉孩子：我们理解他们对自己身体的好奇，但这里不是满足这种好奇心的场合。

此外，在家庭生活中，我们同样应该适当强调个人对其身体的支配权，是否愿意被触碰、被抚摸、被亲吻等都只能由孩子自己决定。一旦发现越界行为，我们应立刻对感到不愉快的孩子进行安抚，用对话纾解他们的不安，提升他们的安全感；而对违反规则的孩子，我们可以向他们解释每个人的身体自主权，提醒他们注意他人发出的拒绝信号。

对　话
梅拉妮·比特纳：性同意（Consent）

梅拉妮·比特纳拥有很多身份：医生、心理学家、学者。她和记者斯文·施托克拉姆一起主持由《德国时代周刊》开设的网络播客节目《这正常吗？》。在节目中，梅拉妮从女性主义和社会批判的角度为听众解答各类两性问题。儿童与青少年的身心发育也是她的重点关注领域之一。

梅拉妮，什么叫性同意，为什么这种“同意”如此重要？

性同意，就是在与性相关的议题上进行协商，并最终得出共识。每走一步就问问自己：我可以这么做吗？我的感受如何？我们面对的不是一道关于性爱的判断题，而是需要详细列出每个步骤的解答题。在步骤推进的过程中，我们也在一点点深入对方的私密领域。特别是对尚不了解彼此喜好或是刚刚认识的两个人来说，一步一停、一步一确认是非常有必要的。比如“是否可以触碰你的某个部位？”或“我现在想吻你，你呢？”又或者在进入之前再次确认：“可以吗？”此外，我们也可以多花一些时间与伴侣交流彼此在性爱上的偏好，讨论改进的可能。性是两个人的事，相互交流和沟通能够延长持久度，增强双方的活力。很多人总觉得好的性爱无须言语，但事实恰恰相反：沟通与调试不仅能够提高性爱的质量，而且还能降低我们在床上“踩雷”的概率。

显然，“性同意”这一概念的普及应当从童年开始，而非拖到青少年已经尝试过性行为之后。了解得越早，孩子对性的理解就越深刻。家长应当如何在与孩子的相处中引入这个话题？

注重细节的象征意义：表情中最为常见的哭泣，情绪中经常出现的愤怒，感到不适时下意识地推开动作，话语中的“不”，行为上的退缩、逃避、麻木、顺从。孩子很可能是在通过这些表现告诉我们：他们感到了不适，受到了伤害，想要保护自己。因此，父母在引导时应当抓住儿童言行中的细节，去共情、去回应，然后用委婉的方式追问孩子的感受，让孩子学着用语言表达自己。如果他们能够说出自己不适的原因，那么我们在类似情境再次出现时便能更好地应对。只有知道自己的声音能被听见、自己的不适感能被察觉，认识到自身的力量，孩子在长大后才会有勇气争取自己的权利。另外，家长还可以给孩子更多的决定权，即使是日常小事，也要通过共同协商找到适配各方诉求的处理办法。虽然有时稍显烦琐，但公平民主的相处模式不仅有益于孩子的心理发育，而且还能促进他们性观念的发展。如果一个孩子从小受到的教育就是迁就和妥协，那么她/他成年后如何知道自己真正需要什么？如何为自己划定性的边界？

鉴于女性中庞大的（性）暴力受害者人数，“性同意”对很多母亲而言可能是一个非常敏感的话题。作为心理咨询师，你会给这类女性哪些建议？

幼儿园和小学是儿童性教育的关键阶段。在这一阶段，家长应向孩子解释性的内涵，帮他们明确隐私的边界，防止他们在懵懂中受到侵犯而不自知。但如果母亲自身经历过侵犯，那么与身体和性有关的话题很可能触发她们的伤痕记忆，使她们很难客观地为孩子讲解阴道或阴茎等生理构造，也无法对性交和受孕的过程进行过多描述。有这类情况的女性应该及时进行创伤心理治疗，尽量降低消极诱因对日常生活的影响，并将性启蒙的任务委托给另一个自己和孩子都信赖的、有责任心的人。对大一些的孩子，家长也可以通过引导他们阅读一些简单易懂的图书来获取生理方面的知识。无法克服羞耻心的人不妨先读一些科普书，让自己对这方面的话题有一个初步的了解。父母应当选择适当的表达方式，积累相关的知识，学会用轻松的态度面对性，从而带动和感染孩子。

刚出生的婴儿并不具备区分性别的能力，他们是在适应社会标准的过程中，通过观察和归纳才发展出判断性别的能力的：哪种玩具对应哪种性别，衣服款式、颜色偏好背后又隐藏着怎样的性别划分规则，等等。不仅如此，孩子们甚至还能解读出社会对不同性别的人群在感情表达上的不同要求。与其他年龄段的孩子相比，婴幼儿对生理现象刚刚萌生好奇心，但大脑尚未发育成熟，情绪发展还在初始阶段，因而更容易受到周围人态度的影响。如果女孩在幼儿时期不被允许表达诸如悲伤、愤怒等情绪，或没有得到家人足够的陪伴与支持，那么她们很可能直到成年后都无法摆脱这些来自童年的影响。情感研究学家卡洛塔·维尔汀佐证了“如果我们从小就被允许表达和发泄消极情绪，并且知道周围的环境能够接收到自己发出的情感讯号，那么我们在长大后就能更好地化解自己的消极情绪，比如昂首挺胸地走到伴侣面前，然后把所有没洗的脏盘子摞在他面前——毫无心理负担，不带任何犹豫”。

学龄前期

学龄前儿童依旧保持着对自己身体强烈的探索欲。怀孕、分娩、性行为都可能成为他们不断追问的话题。儿童的自慰行为也大多初次出现于这一时期，比如很多小女孩会尝试用毛绒玩具等物品摩擦下体并以此为趣。与此同时，她们的羞耻感也开始变化、发展。在这个阶段，我们要注意不能对孩子正常的探索行为和生理需求进行侮辱和贬低，而要给予她们充分的尊重，以客观、科学的态度向她们解释性与隐私，让女孩们在建立起对自己身体的自信的同时理解适度的原则。我们要告诉孩子，探索自己的身体也要分时间和场合，这样才能既不影响他人，也能保护自己。

除了对性的好奇，学龄前的孩子往往还会以惊人的速度吸收社会的性别标准，并将其在自己身上集中表现出来。这成为很多原本想要帮助孩子摆脱性别刻板印象的母亲在育儿之路上的第一道关卡。

“女儿的衣服逐渐从原来的中性变成了粉红带亮片的可爱风格，但这是她自己的选择，我们并未干预。她当然可以自由选择令自己舒适的生活方式，但是看着这个只有5岁的小家伙每天早上各种纠结，抱怨自己穿什么都不好看，我还是有一种说不出的郁闷。她在这么小的年纪就已经感受到了来自社会的审美压力！我希望她拥有更加多元的价值观念。”

——妮娜

奇怪的是，现代的女孩反而更常表现出对她们自己或社会观念中的女性元素的执着：粉色、带亮片的独角兽图案……显然，社会对“女性元素”的定义对个体有着非常强大的影响。打破规则就意味着得承受来自其他同龄孩子的歧视——在这种环境下，儿童的自我认知和归属感无疑会受到非常大的影响。社会学教授彼得拉·佛克斯曾对社会性别标准化的后果做过如下阐释：“部分孩子甚至在幼儿园中就开始表现出自我限制的倾向：有的女孩不敢尽情释放自己活泼好动的天性，因为‘其他女孩都不这样’。一些儿童在压抑中逐渐将攻击与冲突的矛头调转向内，在极端情况下甚至开始厌恶自己的身体。对他们而言，顺应外界是比坚持自我更为‘明智’的选择。”即便是在游戏中，性别也往往是一道严格的分界线，而线的两端是男孩与女孩截然不同的游戏方式。女孩的游戏大都以言语交流为基础；男孩的游戏则更加强调运动和竞争。久而久之，两性间原本微小的差异被不断放大，最终成为社会性别划分标准的一部分。正因如此，家庭和社会在对待女孩时更应该提高自身对传统性别角色的敏感度，以批判的眼光审视各种习以为常的性别元素，并慎重选择性别表达方式。

小学时期

上小学的儿童已经能够表现出较为明显的羞耻心：不愿被别人窥见裸体，不愿当众洗澡换衣。在这个成长的必经阶段，我们应当给予他们充分的自由，尊重他们自己的决定，帮助他们找到属于自己身体的安全边界。虽然孩子们可能还会相互间谈论关于性的话题，但像以前那样“童言无忌”，什么都拿来问父母的情况会越来越少。这也难怪，毕竟以前的性别形象标准太过僵化，太过强调外部特征，而现在的孩子对“男孩”和“女孩”显然有着更加灵活和宽泛的理解：即使没有粉色公主裙，即使穿着松松垮垮的休闲装和牛仔裤四处乱跑，女孩的性别实质也并不会发生改变。但是老一辈的人不一定理解这种自由，他们可能觉得“小姑娘就是不该疯跑”，并在实际的言行中流露出对孩子类似行为的消极暗示。因此，我们除了在思想上理解女儿，更要在行动上给予孩子足够的支持。

除了他人的议论，这个年龄段孩子的服装也是我们帮助孩子走出传统性别划分的一大阻力：女孩的牛仔裤越来越紧，上衣越来越修身，有时露出腰腹，有时印有语义可疑的词句。而男孩的衣裤则往往宽松舒适，方便他们运动玩耍，也有足够多的口袋让他们装下各种小物件。着装不仅能改变一个人的外表，也会影响其感受和行为。围绕这一现象，家长可以与孩子展开讨论：什么样的穿着更加实用？哪些衣服会限制我们的行动？为什么？同龄人的影响越大，我们越要帮助孩子建立自信，让他们敢于坚持自我。

从小学高年级开始，很多孩子就逐渐进入青春期，经历从大脑到身体的一系列转变。最早在9岁的时候，一些女孩的身体就会出现较为明显的变化。在这个时期，下丘脑会增加特定激素的分泌量，刺激垂体分泌黄体生成素（Luteinizing Hormone，LH）和促卵泡激素（Follicle-Stimulating Hormone，FSH），促进卵巢生成雌激素和黄体酮。这些激素会同时作用于身体特征的发育和生理现象的调控：雌激素负责促进子宫和乳房发育，调节每个月的排卵时间，使宫颈口松弛，确保精子能够顺利地进入子宫。大约在10岁半时，很多女孩的乳房也开始进入发育阶段。此外，雌激素还会改变脂肪分布，令其更多地分布在臀部、腹部和胸部，同时增强身体的储水能力，保护体内组织，并影响血液中葡萄糖的代谢情况。黄体酮能够促进子宫内膜发育，对人体也具有轻微的镇静作用。在孕中期，黄体酮也可以确保孕妇情绪稳定。不同个体初潮来临的时间各不相同。值得注意的是，初潮并不意味着排卵的开始。

与过去的女性相比，现代女孩体内雌激素水平普遍较高，她们进入青春期的时间节点也因此有所提前。生活方式、饮食习惯、压力等因素都会影响青春期的开始时间和持续时间。如果我们自己在13岁左右进入青春期，而女儿10岁就开始表现出发育的征兆——请不用担心，这是完全正常的。孩子是独立的个体，不应成为与我们自己或其他任何人比较的对象。比男孩更早发育，也更早经历相应身心变化的女孩，她们更需要我们无微不至的关爱与陪伴。对大部分青春期的孩子而言，要接受自己身体上的变化并不容易：突然长出的痘痘，逐渐茂密的体毛，愈发浓重的体味……说实话，很多变化可能连亲妈都有点儿难以接受，更不用说敏感的孩子了。而在这种时候，鼓励与支持依旧是预防和化解问题、对抗来自主流审美标准的影响的最佳方式。

青春期

对很多父母来说，女儿在青春期的变化是肉眼可见的。在大脑结构变化和激素的双重影响下，她们的身体开始发育，行为开始改变。雌激素的分泌和随之而来的脂肪堆积令很多少女十分烦恼。因为她们在身体变得更加丰满的同时，却又不得不像别人那样把腿塞进修身、紧绷的牛仔裤中。孩子在这个时期感受到的主流审美与社会压力会影响她们的自信和对身体的认知，因此我们更要耐心引导，细心陪伴，帮助她们顺利度过这一阶段。

进入青春期后，孩子会重新关注性别划分与性别表现的问题。女孩们对自己外表上的期望与要求在很大程度上与其信赖者传递的形象标准和价值观有关。她们会将理想与自己的现实形象进行比较，并在可能的情况下尽力向自己所接受的审美标准靠拢。对身材的不满不一定表现为进食障碍，但如果您注意到孩子在饮食方面有明显的反常表现，或对食物的数量与构成过分关注，又或者尝试通过大量运动改变自己的身材、进食不规律、有意识地控制体重，等等，请务必保持警惕，并在上述情况长期没有得到改善时咨询专业人士。

疼痛也是发育的副产品。孩子在乳房和其他身体部位的发育过程中很可能感到不适乃至明显的疼痛，这也是一个需要我们严肃对待的问题。特别是在胸部发育这一点上，个体感受的差异是非常大的。有的女孩乐得欣赏自己日渐明显的曲线，也有的孩子难以接受身体的变化。两边乳房发育程度不一虽说是正常现象，但也有可能在孩子将自己与他人进行比较时引发其不安情绪和自卑心理。很多女孩在青春期开始拒绝在母亲面前裸露自己的身体，而很多母亲在一开始时对孩子的这种变化毫无察觉。在此类双方信息不对称的情况下，我们需要有意识地为亲子间的私密交流创造机会，比如每隔一段时间就安排一个“母女交流日”，专门讨论孩子在成长发育中的感受与烦恼。

在穿着上，我们也要给孩子足够的自由，将是否穿、何时穿内衣的决定权交到她们手上。鉴于80%的女性都穿着尺码错误的胸罩，而长期穿着不合身的内衣又会造成头部、背部疼痛，肌肉紧张，结缔组织损伤等健康隐患，因此，请您在给女儿购买人生的第一件内衣时尽量前往专柜，根据销售人员的建议进行选择。一件合适的内衣不仅可以为孩子的整个发育过程打下良好的基础，也能让孩子认识到选择适合自己的衣物的重要性。

随着年龄的增长，孩子慢慢改变兴趣，不再停留在儿时的玩闹上，而找到了新的话题，发展出了新的爱好。大脑的发育和前额叶皮质的成熟让孩子的道德判断发生了改变。他们开始重新思考公平的含义和自身行为的后果，质疑现有的规则，要求真正意义上的平等。与此同时，性欲也开始萌发，孩子可能出现性幻想，也可能对性已经有了初步的尝试。德国联邦健康教育中心2020年的一项调查表明，在受访的所有德国女性中，将近70%的人在17岁时已经有过性行为。

与很多人的推测不同，现在男孩性欲旺盛时期的起始点要比十年前晚。

对父母来说，接受女儿不再是一个孩子，看着女儿一步步走进成人的世界，一定不是一件容易的事情——对女儿而言，这个过程也很难。在孩子的青春期，我们能切身感受到自由边界的扩大，并对这种变化感到无可奈何。但父母应当认识到，在边界之内，我们依然可以和孩子保持亲密和信赖，我们的怀抱永远是孩子随时可以回归的港湾。有了这种自信，我们就能更好地面对孩子的成长。

青春期的激素也会影响大脑中负责情感加工的区域。忍受并陪伴孩子度过这个情绪起伏不定的阶段，对父母来说无疑是一大挑战。我们一方面不能过于敏感，不能过度解读，不能只要孩子稍微表现出一点儿情感回避的苗头，就联想到抑郁症等精神疾病。另一方面，密切关注孩子在这个阶段的精神健康也确实有其必要性：如果观察到他们的行为出现重大改变，比如对以往的爱好丧失兴趣，或越来越回避社交，又或者开始频繁谈论关于死亡的话题，我们就应当警惕，并在必要的情况下寻求专业帮助。

比情绪问题更加棘手的，是孩子在青春期经常做出的“危险举动”。因为青春期的孩子前额叶皮质尚未发育成熟，所以负责控制情感的大脑区域格外容易受到刺激。青春期的孩子开始对打耳洞、穿鼻环、文身和冒险产生兴趣，但他们在采取这些行动前可能欠考量。另一个困扰很多家长的问题是孩子不再规律的睡眠现象：晚上不睡觉，早上不起床。这些看似叛逆的举动实际上与激素的影响脱不掉干系。发展心理学教授伊夫琳·克罗内对此做出过解释：“在青春期，褪黑素的释放节点会被推迟，青少年的生物钟也会受此影响发生改变。”遗憾的是，德国的教育系统并没有顺应孩子的发育规律，最终导致了家长、学校、孩子之间的矛盾。

从上文关于雌激素和黄体酮的介绍中不难看出，激素能够调控人们的生理——月经周期甚至影响着我们（以及女儿们）的思维和行动。因此，了解月经周期能够让女孩们更好地应对激素变化带来的影响，不至于对身体的改变感到束手无策。只有知道自己的身体与心理在哪个阶段会发生什么样的变化，才能自我调整以应对这些变化，维持良好的身体感受——这些都是自我关怀的一部分。每个人每天都会产生不同的情绪，而生理周期（比如月经周期）就是决定情绪波峰和波谷的关键因素。我们可以用实际行动告诉女儿，自然的情绪起伏是可以为己所用的：比如在精力充沛的排卵期，我们可以更多地进行远足等体力消耗较大的活动；而在月经期间，虽然适当的运动能够帮助缓解痛经等症状，但我们也可以选择一些安静、疗愈的放松项目。

VOGUE 时尚杂志就刊载过关于月经周期与运动安排的文章，但大多数运动员都表示他们从未得到过相关科普，教练依旧不分群体、不分时段地开设运动课程，没有考虑到很多青少年运动员在生理期的不便。“月经活动家”弗兰卡·弗赖希望为月经周期正名：“在很多人眼中，经前期综合征是一种痛苦的折磨。但……经前期综合征不完全是坏事。因为这也是身体给我们的讯号，告诉我们月经将至，提醒我们更加注意自身的需求。”

只有认识青春期中身体的变化和月经周期的影响，父母和孩子才能更加深入地理解这个阶段中身体和心理发育的各种征兆。在第一章中我们曾介绍过，女性在医药产品的研发过程中一直是一个被忽视的群体。在很多人眼中，月经并非一种疾病，而是“所有女人都会经历的事情”，因此也不值得特别的关注。但事实上，子宫内膜异位症（Endometriosis）这种常见于女性的疾病就与月经不调有关，其具体表现为子宫内膜细胞出现在子宫内膜以外（主要为腹腔）的位置，导致周围组织纤维化并形成异位结节，从而对健康产生影响。

有的人来月经时不会有任何不适，但也有人会出现下腹部或其他身体部位的疼痛、排便或排尿异常等症状。即使是月经初潮，女孩也

可能经历上述不适症状。在痛经问题的研究上，德国子宫内膜异位症协会认为，在德国所有处于青春期至更年期的女性中，有8%～15%的人患有子宫内膜异位症，而在德国法兰克福大学医学院子宫内膜异位症研究中心的调查中，患病女性的比例为4%～30%。抛开数据上的差异不谈，有一点是可以确定的：孩子的痛经问题需要家长认真对待。无论我们自己年轻时有没有这方面的问题，无论周围其他女孩在月经期有没有不良反应，一旦女儿出现了痛经症状，我们就应该带其及早就医。此外，妇产科医生尤迪特·比尔道还建议家长"在孩子月经初潮时就带孩子去妇科医生处，让医生为孩子进行全面、细致的科普，不要等到问题出现后才着急解决……开放和科学的态度能帮助孩子更好地应对日后可能出现的妇科问题。

培养自我价值感、反抗精神和适应力

孩子既要有对传统思想的抵御能力，又要学会反抗，直面刻板印象和性别歧视的压迫——这句话听上去可能有些矛盾，因为"抵御"一词多少带有被动色彩，但"反抗"明显是由主观驱动的。其实二者并不冲突：足够的抵御能力可以防止我们受到伤害，而反抗精神能让我们更好地坚持和贯彻自我。但作为独立的个体，孩子无论在脾气、性格还是在智力、能力方面都不受我们的控制。我们很难，也没有必要将一个天生内向的孩子硬生生地变成一个冲锋陷阵的自由斗士。有人活泼、开朗、不怯场，必然也有人羞涩、内向。不管性格如何，每个孩子都应该被允许在其个性框架内找到适合自己的表达方式。父母能做的，是让孩子认识到改变的可能，激发他们维护自己和他人权益的热情，引导他们认识自身需求的重要性和正确性。

内向和外向会影响一个人的自我价值感。外向的人通常有着较为昂扬、乐观的情绪基调，在遇到问题时也能从周围的环境中获得更多帮助，从而形成积极的反馈循环，建立起较高的自我价值感。而内向的人则更容易出现自我价值、自我认同方面的问题。因此，父母对孩子的引导尤为重要。我们要让孩子们看到每种性格的人都有其长处，学会充分发挥自身优势，而非在与他人的比较中失去自信。

除了基因条件，童年的经历也会影响我们的性格。在当今社会，孩子和青少年想要得到他人的认可尤其困难，女孩想要以稍微强势一些的形象出现更是难上加难。虽然优秀的女性榜样不在少数，但与同一层级的年轻男性相比，她们往往需要面对更大的社会阻力，更多的负面评论、贬低乃至威胁。因为大环境如此，所以我们的女儿就一定要学会沉默、学会服从吗？绝不！

在不公的社会环境中，父母更要扮演好孩子成长过程中的支持者和鼓励者，用自己的行为给他们反抗的底气。与此同时，我们还要转变教育方式，联合理念相同的父母，让更多成年和未成年女性能够以更加自信和独立的姿态实践她们理想的生活方式。正如心理学家斯蒂芬妮·斯塔尔所言："同样是孩子在学校受到霸凌，有的父母就能对孩子表现出充分的关怀和理解，并和他们一起寻求解决问题的途径，而有的父母只会漠视或批评。虽然欺凌行为的责任并不在父母，但充满尊重和谅解的家庭氛围能起到明显的缓冲作用，减少孩子受到的伤害。……来自同龄人、老师或其他照顾者的鼓励也可以在很大程度上平衡外界带给孩子的消极影响。”

在孩子建立自我价值感和塑造反抗精神上，民主的教育方式显然具有非常重要的意义。民主教育能够“通过规则与标准影响孩子的行为。一旦孩子的行为发生偏离，父母就能立刻按照规则做出反应。民主的教育方式允许父母自由地表达对孩子的爱意，同时培养他们的独立人格。儿童的建议和需求不仅能被听见，而且还能得到及时的反馈和修正”。这与我们在第二章中讨论的教育目标，即培养同理心、建立健康的交往文化及自我价值感是基本一致的。父母要让孩子理解健康交际网络的重要性，强调女性间的同盟关系，避免同性间的对立。

女孩们应当尽早理解人与人之间的关系，明白团结和社交的重要性，从而避免陷入女性间的横向暴力和过度竞争的陷阱。要做到这一点，父母可以从小处做起，比如鼓励孩子多参加集体活动。因为与大部分以个人表现为输赢标准的游戏不同，集体游戏能够更好地培养孩子的合作意识和为他人思考的能力。而可靠的人际关系网络则可以让孩子的自我价值感和对外部压力的抵御能力同时得到提升。当得到他人的支持，看到自己的价值时，表达自己的看法就会变得更为容易。找到令自己感到舒适的交往圈子，拥有可靠的信任关系，是自我关怀的重要环节，也是女性间相互鼓励、彼此支持、多元发展的基本前提。在一些大城市中，女孩可能有更多的机会接触开放、包容的女性组织，但我们也可以从学校等社会单位着手，促进孩子之间的联系和交流。

从关于男女分开授课的研究中可以看出，分性别教学在特定的领域可以产生非常积极的效果，但前提是打破性别刻板印象——这是一个需要长期努力的目标，我们应该从孩子小的时候便加以引导，关注女孩的交往环境，帮助她们提升自信，抵制同性间的横向暴力，为改变传统思想和性别偏见奠定基础。

与建立自信同样重要的，还有提升自己和孩子对话语的敏感度：如果想让女孩知道，她们能够发声，能够被听见，且拥有对社会大小事务的参与权，我们就一定要在言语中顾及她们的存在。很多人都习惯在指代时使用男性的集合名词，将女性的存在一笔带过。他们在说话时似乎默认受众为男性，女性受众需要仔细辨别发言人对词语的选择，才能判断自己是否被包括其中。“话语性别平等之战”的重点并不在于“话语”，而在于“性别”，在于女性群体在一切阻力下为自己，也为下一代所做的努力。

“必须承认，一开始我对性别议题是有点儿抵触的。因为在日常德语中加入用于包括所有性别的斜杠或者括号，总让我觉得有点儿奇怪。但随着时间的推移，我逐渐习惯了中性的表达方式，也看到孩子们正在从我们的日常交流中习得同样的语言习惯，并在学习生活中主动提醒他人关注自己的措辞——认识、接纳，并让其成为常态，这种感觉也很不错。”

——苏珊

除了强调合作，我们还要关注儿童之间的矛盾，引导和协助孩子用正确的方式解决问题，鼓励孩子采用讨论、协商的方式化解矛盾。

不管是在一个小组还是在一个家庭中，不同成员拥有不同观点是再正常不过的事情。我们可以利用这种多样性，对同一个主题在不同层面进行探讨和分析。但作为一切讨论的前提，孩子首先应当学会表达自己的想法，找到最有效的沟通途径。作为孩子最直接的观察对象，父母必然要用自己的言行举止为孩子做出示范。事实上，父母与孩子、孩子与孩子之间的争辩与讨论同样能够让孩子在实践中理解沟通与表达的真谛。

日常家庭生活中充满了各种各样的讨论，即使是很小的争执也可能突然朝着难以预料的方向发展。特别是对稍大一些的孩子出现的某些原则性问题，父母尤其容易失去控制。即使我们有意让自己处于放松、平和的状态中，结果也往往事与愿违，因为干扰成人情绪的因素太多了，我们的情绪极易偏离原本的航道。因此，弄清楚争论的目的，理顺争辩的流程就变得非常重要。在美国，学校的辩论社团一般都有一套固定的辩论流程，而很多德国人仍旧需要学习有节制、有条理地辩论。规范的回应流程恰恰是孩子们面对公共舆论压力时的有力武器。

记者弗兰齐·冯·肯皮斯在其作品《反击指南》中强调，在争论的一开始，我们就要保持积极开放的态度，将互谅互惠原则作为一切的出发点。谈话者应带着善意接近对方——我们可以先在与女儿的互动中践行这一基本原则。具体来说，就是不能先入为主，而是要倾听孩子的想法，然后交流和阐释彼此的意见，营造出一种非暴力的交际氛围。在家长的带动下，熟练掌握了这一表达技能的孩子能将其运用到自己遇到的问题中。父母可以在家庭会议上与孩子一起对家中的大小事务进行讨论：家务的分配（按照性别平等原则）、零花钱的数额、门禁时间，以及每个人满足自身需求的方式。如果孩子提出了一个非常有力、但与我们意见相悖的论点，而我们又碍于各种原因不愿改变自己的想法（毕竟大多数人都认可家长应该拥有绝对权威），那么讨论很可能进入短暂的僵持阶段，而我们则会在心中不断纠结，进退两难。其实，让步与“权威”并没有绝对的联系。如果孩子的想法真的能够打动我们，适时转变思路也没什么大不了。在与青少年对话时中更是如此：我们有时并不能看清他们在这个年纪所经历的各种事的全貌，也因此在很多事上并不具备充分的话语权。

儿童的亲身经历

希瑙五年级的时候，班上的大部分孩子都拥有了智能手机。她在10岁生日时收到哥哥的旧手机作为礼物，希瑙的喜悦之情溢于言表，并迫不及待地想要立刻加入朋友们的Whatsapp（一款聊天软件）聊天群组。但父母认为以她现在的年龄并不适合接触这类聊天软件——她的哥哥一直到14岁才拥有属于自己的手机，而且也没有过早地注册和使用Whatsapp。生气之余，希瑙也担心自己因为不能加入群聊而被朋友排挤。父母对她的愤怒表示理解，却依旧坚持自己的判断。经过一番争辩之后，双方终于找到了折中的解决办法：希瑙的父母找到了希瑙同学的父母，在讨论后一起选择了另一款更为安全的聊天软件作为替代，满足了女孩们线上交流的愿望。

在过去几年里，孩子们的世界发生了巨大的变化，许多我们儿时未曾接触过的话题开始进入孩子的视野，而我们被排除在话题之外，不再参与孩子的讨论。大多数人面对新事物的第一反应总是抵触和拒绝，因为依据过去的经验行事是人类的天性。此外，缺乏对特定话题的认识也会导致人们产生回避心理，因为无知的人往往意识不到，也不愿承认自己的无知，只会依附于少量的信息，草率地做出判断。因此，在和孩子进行讨论时，父母要先尽可能地了解谈话的主题，不能在一知半解的情况下就开始高谈阔论，更不能滥用家长的权威，将其体现在话语的压制上。

聊游戏，我们就要去了解时下孩子间流行的游戏；聊社交媒体，我们就要知道各大平台应用的优点和缺点；聊行为，我们就要熟悉打耳洞、穿鼻环、文身的流程以及它们对青少年的意义；聊性、聊生理，我们就得弄清楚不同的避孕方法，搞懂市面上最新的生理用品。无知的说教只会阻碍亲子间的交流。父母一定要让孩子感到自己被重视，知道即使意见不同，自己也会得到父母的尊重。稳定的价值感不仅能增强儿童的表达能力，也是他们在社会交往中强大精神力量的来源。“追问”是一种能够体现重视的有效手段。我们可以摘出谈话中自己感兴趣或不清楚的部分，对孩子进行追问，确认自己的理解与孩子想要表达的意思是否一致。请记住，在争辩中，父母并非裁判，而是孩子们真诚、平等的对手。

随着年龄的增长和道德判断能力的发展，对不公现象有一定敏感性的女孩会开始在家庭以外的地方试着为自己的想法和权利发声。对这个阶段的孩子来说，父母最好的支持就是允许她们愤怒，也允许她们发泄愤怒。

讨论必然要有一个终点。这个终点可能是问题得到解决，各方达成共识；也可能是表达脱离理性，争论不再客观，导致话题无法推进，交流难以为继。在第二种情况下，我们一方面应当坦率地承认自己的极限，同时也要告诉孩子：每个人的身心承受能力都是有限的，没有人可以超越他人的限度，我们自己也不可以伤害、贬低、侮辱自己。身为成人，我们不仅要用自身的态度和行为引导孩子，也要有意识地强化她们对自决权、自主权的认知，让“人之尊严不可侵犯”的观念根植于孩子心中。

反思：过去与现在的争辩文化

由于社会环境的限制，大多数女性在其成长过程中并没有接触过真正意义上的争辩文化，即使身处职场也常常被排除在讨论之外。这也是我们在对孩子进行这方面教育时面临的最大难点。因此，在本节的反思中，我们需要结合自身经历与对孩子的期望，回顾从过去到现在争辩文化与反抗精神的发展，思考孩子需要从我们这里得到怎样的指引。在读完本章后，请您写下自己对孩子的真正期望，并将其精炼成一句“咒语”，比如：“我的女儿可以很强硬，可以不服从！”然后，在日常生活中时刻用它提醒自己，直到这句话成为您思想和言行的一部分。年龄稍大一些的女孩的家长也可以与她们讨论家庭内部的沟通模式，建立起属于自家的争辩文化。此外，我们也要留意观察：女儿现在接触的沟通环境与自己儿时相比发生了哪些变化？如果遇到陌生或令人感到不适的话题，您也可以和孩子一起思考和讨论，寻找适当的应对办法。

新生代的自我认知：身体、触碰与性

在讨论自我价值感和对身体的认知时，我们要特别关注它们可能给女性带来的消极影响，因为女孩的自我价值感始终处于社会主流审美的压力之下。神经科学家莉斯·艾略特在研究中发现，处于青春期的女性对自己身材、外貌上的焦虑比男性要更为严重。艾略特教授对此的建议是：“在全力挖掘男孩情感多样性的同时，我们也要努力增强女孩在情感上的抵御力，特别是在情绪起伏不定的青春期里，更要求稳。”积极的自我价值感通常体现在“坚强”“勇敢”“独立”等性格特点上，而这些形容词在大众认知中往往是用于描述男性的。而与女孩联系在一起的“温顺”“听话”等特点在现实中并无益于自我价值感的提升。再加上社会对女性的审美期望，女孩甚至要承受外貌和道德上的双重压力。

公关专家、身体意象（Body Image）活动家梅洛迪·米歇尔贝格尔在回顾少年经历时写道：“我不仅对自己非常苛刻，而且还会严格评判他人的身材样貌。不管在哪里，只要身边有人，我就会分析他们的胖瘦高矮，并不断将自己与其他女孩进行比较。我好像始终处于一场看不见的比赛中，又要当裁判，又要自己下场比试，忙得不可开交。最后我才发现，这场比赛根本没有对手，更没有赢家。”从她的这段话中，我们不仅能感受到主流审美带给年轻女孩的精神压力，而且还能看到压力引发的同性竞争行为所导致的恶果。

在无孔不入的主流审美压力下，很多母亲会思考一个问题：如何才能让孩子不受到这些外界评判的影响？在2021年德国举行的“国际女童日”活动中，“拒绝粉红”团体成员就用一则视频向时尚和美妆行业发出了抗议：“如果你们真的想为女性做一些实事，那就请在设计衣服时多考虑不同的身材尺码，在宣传时让模特多展现自信的风采，而非一味冲着镜头自恋摆拍。请不要在身材羞辱、言语霸凌、扼杀了模特多样性之后还做出一副充满悲悯的拯救者的姿态——看看《超模新秀大赛》之类的节目，你们肯定知道我在说什么。是你们创造了所谓的‘美’的标准，让外貌成为供人评判的对象。无须多言：请负起责任，洗心革面，收拾好你们留下的烂摊子。”

然而，光有美好的愿望是不够的。从发声到改变，这中间还有很长的一段路要走。即便如此，我们依旧可以用一定的方法抵抗媒体宣传所带来的影响。首先，我们需要问自己一些问题：我们怎样看待、怎样对待、怎样谈论自己和他人的身体？在孩子面前，我们应该如何措辞，如何表现？他们是否知道母亲每天早上需要“打扮”自己，能否看出我们又在为“长胖了”而叹气？我们以何种语气提起身边的女性？是感叹某个邻居今天又“花枝招展”地出门了，还是惋惜某位生完孩子的好友的身材再也“回不去”了？我们是否总看不惯别人身上的体毛，总忍不住评判他人的外表？

人是会变的。没有永驻的青春，也不存在不变的相貌。生命的过程就是身体不断变化、衰老的过程，而在育龄期的女性身上，这种变化则表现得尤为明显。其实，除了一般意义上的产后修复，很多生完孩子的女性更应当做的，是调整自己的心态，接受身体在孕期和哺乳期的自然老化，接受身体在机能或外观上的改变。但在现实中，主流审美恨不得让女性的身体永远停留在最符合其标准的状态——不管哪个部位。阴唇整形术甚至成为德国近年来市场需求量增长最快的美容手术。即使没有到医美整形那种程度，我们也早在童年就开始接收外界灌输的审美意识：在药妆店里，以女孩为客户群体的儿童美容用品层出不穷。从散发着草莓香气、附赠可爱小浴帽的染发剂，到老虎图案的面膜，再到儿童彩妆盒……这类产品品类齐全，无所不包。玩具专柜则推出了供年龄稍大一些的女孩使用的“美容实验室”或“自制面膜”系列玩具套装。看到这些精巧别致的产品，大部分人并不会立刻联想到主流审美，也不会思考真正的自我关怀与“为美服役”的区别。

更令人心惊的是，很多女性常年涂抹的化妆品实际上正在威胁着她们的健康。一幅女性调研分布图显示，许多化妆品含有各种神经毒素（包括铅在内的重金属）、防腐剂（如对羟基苯甲酸酯）、致癌物质（如邻苯二甲酸盐和甲醛）、内分泌干扰素等有害物质。而美国女性平均每天在使用化妆品、香水、身体护理和生理卫生用品时接触到的化学物质就多达168种。在以白为美的社会中，肤色深的女性还需要使用各类美白产品，而这些产品大多含有汞或类固醇等对健康有害的成分。身为家长，我们都知道要控制孩子看电视或玩电脑的时长，要培养他们多样的兴趣爱好，要给他们准备健康的食物，却很少有人关注化妆品对孩子健康的影响。其实，在女儿稍大一些的时候，我们完全可以坐下来和她们聊聊这个话题，让她们知道自己和朋友在逛药妆店时随手买的小物件里到底含有哪些成分。

当然，作为早已内化了外界审美标准的“过来人”，摆脱主流审美带来的“鼠轮效应”并不容易。但树立女性主义观念也不是一蹴而就的。没有谁强迫我们一下子抛开过去所有对美的认知，转身就学会接纳真实的自己。我们不必通过放任体毛生长来表达对自由的追求，也无须刻意放弃修身的衣裙来强调对身材焦虑的反抗。我们要做的，是探寻自身行为背后的驱动因素，并一步步转变观念，卸除压力，告诉自己和孩子，自爱永远是第一位的。我们还可以和孩子一起讨论彼此对身体的认知，顺便以科学的态度解答“我从哪里来”这样一个孩子最为关心的问题。不要总把减肥挂在嘴边，不要夸别人长得好看，不要恭喜别人瘦身成功。女性闲聊时就没别的话题可说了吗？同理，在与孩子聊天时，我们也要注意话题的选择。如果女儿坚持要化妆，那么我们不妨和她们聊聊化妆品的生产过程，讨论有无更加健康的替代产品，诸如此类。

每个人对抗审美压力的着力点各不相同，除了我们自己，没有人能对我们的努力做任何评判。不过有一点是肯定的：父母不能放任孩子被潜在的社会审美标准裹挟——女孩不必需“性感”的衣裙，不必需美妆类玩具。我们可以挑选包含各种身体形象插图的童书，购买不带性别色彩的玩具，留意儿童节目中输出的价值观。我们可以带女儿去公共泳池、澡堂、桑拿房，让她们在不同肤色、不同年龄、不同身材的女性间认识“美”的自由度和广泛性。这对我们自己来说也是一种学习，可以帮助我们从社交媒体上的“标准美”中解放出来。

您也可以和孩子共度一个电影之夜，拿上纸笔，记下电影中女性的穿着，并与男性角色进行对照。仔细观察：镜头下的女性是怎样的？是不是大都白皙、美艳，没有明显的残疾？我们还可以顺便做一下由美国漫画家艾莉森·贝克德尔发明的贝克德尔测试，看看一部电影中是否存在歧视女性或缺乏女性代表的情况。在该测试中，一部不存在歧视女性或缺乏女性代表的电影至少应该：

· 至少有两位女性角色；
· 女性角色能够彼此交流；
· 女性角色会谈论除男性以外的其他话题。

即便这个测试不能作为评判电影内容质量的标准，也不能代表真正的女性主义，但它还是可以作为一个切入点，推动我们思考、质疑女性在电影等传播媒介中的形象。心理学家帕特里夏·卡马拉塔和媒介社会学家卡斯帕·克莱门斯·米劳在他们合作的播客节目《与孩子一起生活》中总结出了一个规律：一般只有在妻子死亡、重病或由于其他原因无法照管儿童时，父亲才会承担起抚养孩子的主要责任——哪怕在荧幕上，女性也依旧是承担育儿工作的主体。

言归正传。现在请您思考：在自己平日的言语中，“肥胖”是一个贬义词，还是一个中性词？其实，我们还是应该尽量中立和直接地使用这类描述身材的词语，不用避讳什么。对这一点，女性主义者梅洛迪·米歇尔贝格尔曾分享过自己的经验：“当用‘肥胖’这个词描述自己的时候，我会将其当作一种练习。‘肥胖’这个词，在学校里是用来骂人的脏话，在医生那儿是充满担忧的警告——由于框架效应，这个词在不同的语境可能有不同的情感色彩。但在我这里，我想让它展现不一样的价值。正是因为它带来了那么多侮辱和中伤，我才要清楚地把它说出来，通过不断练习让这个词的词义回归字面含义。

我有时甚至将它视为一种褒奖。这种语言的逆向使用让我感到自由且充满力量。”

如果感到被冒犯，就应该立刻指出来——这是抵御外界审美压力的另一原则。很多人喜欢拿朋友或家人的外表“打趣”，或习惯在言语间流露出对他人的嘲笑，这些行为都会对孩子产生影响。我们要学会清楚地表达自己的意愿，拒绝别人无理的玩笑。真正爱您的人不会嘲笑您，贬低和侮辱不是爱的表现。

“我小时候很胖。用今天的审美来看，当时的我算不上丑，但确实是一个小胖墩。随着年龄的增长，我的父母也注意到了我的体重问题。我的母亲也胖，父亲总是贬低她的外貌，或总在她面前夸赞其他女人的身材。家人喜欢叫我‘小胖’，乍听起来，这是一个挺可爱的绰号，但听久了也不那么令人愉快。大概在10岁的时候，我和母亲下定决心一起减肥——服用一种20世纪90年代流行的减肥药。进入青春期后，我确实瘦了很多。现在看以前的照片，二十几岁的我也依旧保持着苗条的身材，但我当时丝毫不这么觉得。有了女儿后，我仿佛又陷入了儿时的循环。孩子有一段时间突然长胖，我就特别害怕别人给她起绰号，担心周围的人会对她的外表评头论足，同时也无法遏制自己对她身材走向的担忧。曾经有人在我的社交平台上留言，说我女儿‘胖乎乎的’。这句话简直一下子就击碎了我所有的安全感。”

——莉莉

我们很难将女儿与畸形审美完全隔绝开。但只要孩子还能听进父母说的话，没有完全在同龄人的裹挟中丧失自我，我们就可以通过科学的引导为其心理与审美的健康发展打下坚实的基础，避免她们日后不断质疑自己与其他女性的外貌。确实，选择反抗主流便意味着更多的付出，而对孩子天真的请求，我们也很难狠下心来，用“冷硬”的女性主义理论打碎稚童的幻梦。但是所有这一切，都是为了让孩子拥有健康未来所做出的必要努力。

在上一节中，我们讨论了隐私与个人的边界。结合大量针对女性的暴力事件分析后可以发现，暴力犯罪的发生与受害者的外貌不存在联系。不管是成年还是未成年女性，不管长什么样，穿什么样的衣服，都可能成为（性）暴力的牺牲者。然而，即使在暴力这种无可辩驳的犯罪行为上，大众审美也在影响着人们的认知。通常情况下，外表不符合社会主流审美标准的女性更难得到大众的信任。即使她们遇袭后报警求助，公众也会将事件发生的原因归咎到她们身上（比如着装暴露），从而使加害者与被害者的身份发生逆转。在过去几年里，性暴力犯罪越来越多地暴露在了公众的视野中。美国反性骚扰运动#metoo（#我也是）就揭露了大量不同行业内的男性性骚扰事件，著名制片人、导演哈维·韦恩斯坦，歌手罗伯特·凯利，演员比尔·科斯比等多人被爆出性侵丑闻。虽然性骚扰事件本身并不罕见，但像#metoo这样系统性的控诉尚属首次。只不过，这股从美国掀起的反抗浪潮还没有完全抵达德国，德国还处于作家玛格丽特·斯托科夫斯基口中“凶手心安理得，而受害者则恐惧难言”的状态。

从根本上预防和杜绝针对女性的性暴力犯罪，最重要的一点就是阻止男性成为加害者。我们在第三章中已经通过认识过时的男孩教育模式了解了教育不公的危害，以及施暴者对他人的影响。与此同时，我们也要加强对女孩的引导与支持，允许和鼓励她们向别人表明自己的边界。我们可以从小处开始，先让女儿知道她们不应当随便亲吻和拥抱别人，然后再延伸至幼儿园生活，告诉孩子她们有权终结一段让自己感到不适的友谊。幼儿园等托管教育机构尤其需要我们的关注，因为保持个人边界不仅意味着及时中止对方触及隐私的行为，保证自己的身体不受侵犯；也意味着认识和表达自身的需求。比如孩子吃饱了，我们就不能强迫他们继续进食。如果他们上厕所时不愿有人跟在一旁，那么我们也应该为其提供其他的选择。要是哪个孩子不愿午睡，那么她/他也可以做其他自己想做的事情。只有身心独立性得到尊重的孩子才能拥有足够的自信，不管是在学校还是在家中都是如此。

在自决权问题上，我们则需要转变态度。孩子敢于说“不”，能够表达拒绝，应当被视为他们成长中的重要节点，而非单纯的叛逆之举。拒绝是争取自决权的第一步，也是我们隔绝对我们产生负面影响的情感、感受、期许的有效手段。只有将“不”说出口，孩子们才有机会了解自己内心的真实想法，判断各种事物对自己的意义。这种认知和选择能力对他们之后的人生，特别是在青春期与性有关的决定上，具有非常重要的意义。“是的，我喜欢！”“我愿意（与你一起）尝试！”“不，我不喜欢这样。”——明确的意愿表达正是自决权的体现。

从儿时起便能够认知和表达自身需求的人往往在亲密关系中表现得更加自信，他们与周围人的联系也会因此更加稳定。不管是面对幼儿还是青少年，父母都应当在自身的言行中体现出这种自主判断与选择的能力。性教育不只是对性行为本身、避孕和生理卫生的教育，而是一个从学龄前便开始，并随着孩子成长而不断发展、变化的动态课题。遗憾的是，大多数学校的性教育方针都只包含上述三点，缺乏灵活性。

在德国弗伦斯堡大学发起的“讲授爱”（Teaching Love）教育培训活动中，20%的参训教师表示自己了解过与性教育相关的知识，但只有8%的人接触过性暴力方面的话题；更多的人则认为“性”这一主题在教育中没有得到足够的关注；虽然与性相关的生理和心理健康问题得到了越来越多的重视，但在教师培养和学校教育中，性依旧是缺失的一环——大量过时的教材已经说明了问题。只有在教育理念、教育方式、教材编写上进行改革升级，青少年才能对性有更科学、更全面的认知。性教育不仅能让我们更加了解性，也能帮助我们更好地了解自己。

很长一段时间以来，作为女性生殖器官一部分的阴蒂并没有普遍进入大众的认知。在很多学校的性教育手册上，阴蒂是最容易被画错或漏掉的身体部位，教师对性交的科普也往往仅停留在阴道插入式性交，而忽视阴蒂的存在。事实上，阴蒂是女性身上一个类似于男性阴茎的存在，由长为2～4厘米的海绵体构成。受到性刺激时，阴蒂会充血勃起。但了解或有意了解这些知识的人可谓寥寥无几。或许这也是造成女性“性高潮缺失”的原因之一。调查显示，性交时能够到达高潮的男性比例为59%，女性却仅有21%。正确的性教育可以避免女孩“被性欲化”*，让她们学会以开放的态度关注自己的需求。

---

* 在本文中，“被性欲化”指女性成为欲望的对象、客体，而非自主地表现性欲。——编者注

> “正因为我是女性，我才会关注特定的议题——比如认识并准确描述各个身体部位的名称。可能是由祖父母带大的缘故，在我的成长过程中，没有人教过我这些知识。渐渐地，我发觉自己对自己的身体私密部位抱有一种莫名的禁忌感，总是被奇怪的羞耻感包围着，好像这些部位是什么不可言说的忌讳。”
>
> ——弗朗西斯卡

家庭对“性”这一话题的态度非常重要。我们要尽可能地营造出一种氛围，让所有家庭成员从一开始就习惯开诚布公地谈论性。鉴于（性）暴力受害者中庞大的女性人数，要实现这一点并不容易。不同类型暴力的受害者，其创伤回忆的触发诱因也各不相同。很多母亲本能地想保护女儿，不愿让自己的经历在孩子身上重演，但最终走向了另一个极端。对她们而言，保护就意味着将孩子与一切和性有关的事物隔绝开来，并且时间越长越好。然而在当今这个时代，只有保持开放的态度，保持和孩子的沟通与交流，才能更好地适应不断变化、发展的世界。如果母亲注意到自己的过往经历已经影响到了与孩子的相处，她们也可以主动接受心理咨询和心理治疗，避免问题升级。

同我们这代人相比，下一代对性的认知显然已经发生了巨大的变化。我们这一辈的女性，即使没有与性有关的创伤，也多少有点儿羞于提及这方面的话题，更不用说和父母相互讨论性交之类的话题了。而现在的孩子成长在一个网络交友盛行的时代，享受着科技带来的开放性，但也不免在网络上接触到一些与性相关的内容。虽说我们需要更多地关注媒体与信息的安全性，但网络传媒本身也是一个父母和孩子可以共同探索的领域。家长要学会代入孩子的视角，潜进他们的世界，并在理解的基础上找到他们在性方面出现问题的根源。如果对孩子成长环境中的性文化背景视而不见，我们就很难给他们正确的引导，因为弄清事情的本质是解决问题的前提。只有从内容上着手了解当今孩子的网络生活，我们才能知道网络对他们的影响。要做到这一点，光靠阅读资料是不够的，更重要的是观察，并在观察中思考和解读网络的内涵。

您在读完本章后，不妨合上书，登上抖音等视频网站，观察在这些网站上活跃的青少年群体，感受一下孩子们真实的网络生活。在了解孩子的网络生活时，请试着不要用成人的视角来看待这些信息，而要代入青少年的视角，特别是结合少女的发育阶段和情感世界。不要评判，保持中立，观察网络媒体中的女性形象，分析社交平台上的性别差异：在孩子们看到的影片或照片中，女性的身材如何？她们穿怎样的衣服，梳怎样的发型，化怎样的妆容？女性是否遭遇了行为上的暴力，言语上的贬低？她们在亲密关系中处于何种地位？这些形象与现实中的女性的区别在哪里？

需要我们注意的是，产生性需求是青少年发育的正常现象。能够（在发育成熟、时机恰当时）主动探索，发现自己在这方面的偏好，对孩子而言是一件好事。因为在以后的恋爱中，能否认识和表达自己的需求和喜好往往决定一个人在两性关系里的地位，影响其在情感上的主动性。

20世纪80年代初，为了唤起社会对女性性需求的重视，影视作品中与性相关的内容开始强调女性在性爱时的感受以及前戏和女性高潮的重要性，性爱多样性和性同意原则也逐渐成为这类内容的基调。但这类内容毕竟只是少数，大部分青少年很难接触到与性相关的正向的内容。并且，孩子会更多受到同龄群体的影响，父母能够替孩子过滤掉的错误信息和有害内容实属有限。但我们至少可以带着开放的心态，主动了解孩子的世界，为女儿提供她们所需要的一切支持。

在了解了女儿平日在网上接触的内容之后，我们或许可以从中提炼出一些有用的素材，顺势为孩子进行两性方面的科普。以避孕为例：要让孩子真正了解避孕的方式和重要性，光是像在生理课上那样将避孕套套在香蕉上是远远不够的。我们可以向孩子说明不同类型避孕药的功效与副作用，并与她们延伸探讨为何女性在避孕中永远是主动的一方，而大多数男性对避孕则持一种无所谓的态度。此外，不同人群适合不同的避孕方式，只有充分了解了这方面的知识，女性才能够找到最适合自己的避孕方法。鉴于性爱的多样性，我们也应该及时拓展自己的知识面，了解针对阴道插入式性交以外的性交方式的自我保护途径。可能我们很难开口和孩子谈论性，也可能女儿并没有就这方面话题与我们深入交谈的打算。但家长至少可以给她们提供一些获取信息的渠道，在家中准备好一些科普材料，并示意孩子如果有问题可以随时向自己或相关咨询机构求助。

即使做了万般准备，孩子的成长也很可能偏离我们的预期。这个时候，我们一定要记住：母亲是女儿永远的避风港。就像孩子小时候会跌跌撞撞地扑向我们一样，长大后的她们在感到疲惫、渴望稳定、需要帮助的时候，也随时可以回到我们的身边，与我们亲近，被我们安慰，接受我们不带评判的爱。我们要相信孩子，认真回应她们的感受，并以解决问题为目标为她们提供帮助。

反思：我对自己的身体了解多少？

我们接受的性教育与孩子不同，也多少受到时代的局限。现在正是补习的好机会！或许您在本章中已经接触了一些之前未曾听说过的事物。请您花一些时间，对诸如“女性高潮”“阴蒂结构”等关键词进行搜索，加以了解。

爱情、烦恼、人际关系能力

事实上，大部分青少年不愿意与父母谈论性。既然他们不想说，我们也不用强迫他们。重要的是让孩子看到父母作为倾诉对象的可靠性，并让他们在遇到问题时能够立刻想到我们，愿意向我们寻求帮助。一方面，家长可以为女孩挑选合适的图书；另一方面，家长也可以避免直接谈及性，而是从这个话题的边缘切入：人与人的距离、交往、联结、情感上的敏锐度、感官上的体验……让孩子认识到，爱不仅仅是性，性也可能独立于爱而存在。不管是性还是爱，它们都是人们的正常需求。当然，最核心的问题莫过于爱的内涵：什么是爱？我们希望女儿建立怎样的爱情观？

在电视剧、电影、书籍、漫画等媒介中，爱情的核心是浪漫主义。一个情感淡漠、缺乏与他人联结的男主角，一个以“治愈”他为使命的女主角和夹在二者间的爱情共同构成了浪漫主义爱情观的传统叙事。作家、记者米歇尔·勒茨纳用一个比喻很好地说明了此类爱情观的影响：“如果外界在女孩很小的时候就不断给她们传递信号，鼓吹义无反顾的爱情——不管对方人品如何，哪怕是一个混蛋。试问，在这种环境下成长起来的女孩子，爱情观能有多健康？”有些无良媒体不仅常常曲解事实，将伤害硬说成“爱的表现”，而且还热衷于刻意捧杀，动不动就将女性架到“男性拯救者”的高位上。更有甚者，竟以调教出被动、驯服的女性为荣——“5个小妙招，帮你轻松博取暧昧对象的关注！”

爱情是复杂的。它看似美好，实则不那么浪漫。哲学家赛义达·库尔特曾言：“仅就个人而言，我是不相信人性中存在被压抑和需要被解放的浪漫之爱这类说法的。根据性别来界定人们对浪漫、对爱情的追求，这本身就是一种错误。”我们需要教给孩子的，是爱情带给个人的核心感受，而非其社会表现形式。至于爱情的核心，第三章其实已经提到过，总结来说就是：给予自由、接纳个性、愿意陪伴。爱是亲近，是感到安全，是彼此看见，是分享感受。凡是亲密关系中的核心要点，基本都能套用在爱情的经营上。而掌控、占有、强迫等行为则会给亲密关系的健康发展造成阻碍。

在孩子爱情观逐渐形成的过程中，家长可以将重点更多地放在培养反抗精神上，引导孩子建立足够的自信，形成良好的自我认知，理解自身价值以及爱情的平等性。睡美人被陌生的王子吻醒——这类童话想想都让人觉得不适！公主完全可以在百年的沉睡后自己醒来，然后动身踏上寻找王子的旅途。或者也不一定是王子，公主可以爱一个农民，爱一个厨师，爱上任何身份的人，只要她愿意。如果公主觉得单身很幸福——这又有何不可？索性改写整个故事！

但在改写的同时，父母也要有一定的心理准备。我们教女儿自强自爱，不去迎合，但不能为她们挡掉所有不顺心的体验。她们可能失恋，可能与伴侣争吵再和好或就此分开。很多时候，我们对孩子自己选择的伴侣可能并不满意，也很难对她们往后的情感发展抱有期待和祝福。我们没办法替她们承受爱情带来的痛苦，也不能控制外界对她们行为的评判。但我们可以陪着孩子走过沮丧的低谷，并用自己的方式鼓励她们继续向前。

对 话
米歇尔·勒茨纳：爱情之苦

2020年，记者米歇尔·勒茨纳出版了作品《99天失恋日记》，该书被翻译成多种语言，畅销全球。在书中，勒茨纳不仅通过分析失恋的阶段性发展推导出了一套自愈指南，还对刻板印象和性别不公等社会现实进行了质疑和探讨。

老一辈人在劝慰情场失意的年轻人时总喜欢用“天涯何处无芳草”或“歪锅配歪灶”这种漫不经心的说法。为什么我们不应该用这种“俗话”回应孩子的情感问题？

虽然现在几乎所有学科都发展出了研究恋爱心理、恋爱问题的分支，但其实情感研究的最大阻碍是社会对这一话题的寻常化。对很多人来说，“为爱所困”的感觉像一个打不出来又咽不下去的嗝，不舒服但又不致命，只能劝自己别那么矫情。这种带有自嘲意味的开解容易导致人们对自身情感的压抑，甚至是否定，从本质上来说已经非常接近“煤气灯效应”了。父母空泛的“俗话”很容易引起孩子在情感识别和区分上的障碍，从而无法正确对待和处理自己的感情，即便孩子成年后也很难改变这一点。但这种状态其实是非常不健康的。特别是男孩，他们经常不被允许表现出悲伤、失落、愤怒等情绪。美国纽约州立大学宾汉姆顿分校的一项大型研究表明，过度压抑情感给女性带来的痛苦是短暂而强烈的，而男性则会在漫长的忍耐中不断消耗自己。因此，男性中长期单身者的人数多于女性也就不足为奇了。此外，“俗话”还暗示我们，只有符合主流恋爱价值观的人才能算得上有价值的社会成员。对儿童和青少年来说，父母用这些俗语传达的其实是同一条铁则：如果你不能尽快找到一个长期稳定的伴侣，你就不正常。请注意，我们并非活在中世纪。21世纪的孩子，特别是女孩，必须认识到独立的价值。寻求伴侣、组建家庭并非人生的终极目标，幸福才是。

很多家长看起来早已将自己年轻时的恋爱烦恼抛诸脑后。爱情这种“病”到底可以有多重？

创伤研究表明，人们失恋后的表现和创伤后应激障碍的症状非常相似。我们的大脑和身体会将巨大的痛苦判定为一次“恐怖袭击”，并自动进入警戒模式：食欲不振、睡眠障碍、难以思考、心跳过速等各种不适都会找上门来。医学界也早有研究发现，“伤心”这个词确实有着物理层面的含义：心碎综合征（Broken-Heart-Syndrome，BHS），学名应激性心肌病（Tako-Tsubo Cardiomyopathy, TTC），简单说来就是一种由负面情绪诱发的应激性心肌梗死。这种疾病非常普遍，甚至拥有涵盖世界范围内病例信息的专属数据库。虽然儿童和青少年患心碎综合征的概率相对较低，但只要稍微了解一下相关症状，我们就能知道情绪绝不是很多人口中无足轻重的小事。父母“选择性遗忘”自己年轻时的经历可能是人体自我保护机制运作的结果。正如产妇生完孩子几个小时后很难再清楚地回忆起分娩时的阵痛一样，受到强烈情感刺激的大脑也会试图用一层迷雾来掩盖痛苦的经历，从而避免我们受到持续性的伤害。客观性的遗忘并不可怕，但身为父母，我们必须时刻记住自己“过来人”的身份，不让过去的痛苦、抗拒和自我贬低在下一代身上重演。

孩子在（初次）恋爱中产生情感困扰时，父母需要注意哪些问题？

失恋者常常会表现出与药物重度成瘾患者在强制戒断时相似的躯体症状：肾上腺素、皮质醇、催产素、多巴胺和血清素等激素分泌失衡，人体机能紊乱。对激素水平本就如同过山车般剧烈波动的青少年来说，失恋带来的情绪波动显得更为棘手。在为撰写另一部科普作品而收集资料的过程中，我得出了一个结论：社会应该以更加严肃的态度对待个体的情感问题。特别是初次恋爱的青少年，他们更需要充满关爱的引导与陪伴。有的孩子希望有人给他们解释爱情在人体内引发的各种化学反应，有的迫切需要别人分散他们对痛苦的注意力，也有的只是单纯想要一个不问缘由，默默陪伴自己度过失意阶段的人。我们自己如果在年轻时没有从父母那里得到有效的开解，就更要让下一代感受到同理心在抚平情感伤痛中的不可或缺。还有，绝对不要拿孩子的失恋开玩笑！没有“但是”！

反思：爱情是……

您是否看过20世纪80年代风靡德国的漫画《爱情是……》？该漫画的流行说明了大众对爱情的本质有强烈的好奇。请结合本书前面三章的内容，思考下面的问题：

对我个人而言，爱具有哪些特质？体现为哪些价值、哪些行为？我想传递给女儿的又是怎样的一种爱？

网络人生

科幻小说作家道格拉斯·亚当斯曾经说过：“人类与科技相处时有几条规则：第一，自我出生时即存在于世界上的技术是自然的一部分；第二，在我15～35岁时被创造出来的东西是具有革命性的新事物，值得为其干一番事业；第三，出现于我35岁之后的所有技术发明都是反自然的。”虽然目前尚未有研究能够佐证这句名言，但亚当斯总结出的这几条规则已经切中了当代很多父母与孩子之间代沟问题的要害。

两代人虽然生活在共同的现实基础上，却出生和成长于完全不同的时代背景下。网络，便是横亘在亲子之间一道最为明显的分界线。即使很多作家一直在文章中唱衰互联网的发展，或暗自盼望着网络在“不可抗力”的影响下走向终结，但现实是无法否认的：网络世界是孩子的第二世界。作为父母，我们必须理解、接受这一新生事物，并与孩子一道在这个平行世界中学步、探索。就像家长没有理由对孩子的身体机能发育和社交行为发展置之不理一样，我们也不能逃避培养孩子网络时代媒介素养的责任。

女性是网络暴力的主要受害人群，也更容易受到网络上的审美和社交压力的影响。因此，女孩的父母往往面对着更为复杂、严峻的挑战。随着信息技术的发展，各类媒体平台的日益壮大，舆论的声调也愈发尖锐，发泄仇恨的方式更加直接。当今的种种危机不仅加剧了现实中的性别不公，也将越来越多的性别矛盾带入网络世界。作家兼记者萨沙·洛博在其于2021年发表的一篇专栏文章中写道：“社会中存在一种具有压迫性的氛围，阻止女性自由表达自己的观点。”一旦女性在社交平台上的言行违背了人们的性别认知，她们不仅会受到侮辱性的攻击和贬低，更可能受到生命威胁：INCEL（involuntary celibate，“非自愿独身者”）组织不仅在网络上煽动厌女情绪，更直接导致了美国伊斯拉维斯塔红区、佛罗里达州和加拿大多伦多等地对女性的袭击事件。这些事件再一次说明了现实与网络的不可分割性——现实与网络就像一枚硬币的两面，我们不能忽视两面中的任何一面。

肢体暴力固然可怕，但网络霸凌同样会严重妨碍女孩的健康发展：德国勃兰登堡成瘾行为研究中心的一项调查表明，每十个女孩中就有一个遭受过网络霸凌。从数据上来看，女孩遭受网络暴力的可能性比男孩高。网络暴力不仅发生在青少年身上，很多儿童也会遭到（如班级群中的）批评与攻击。心理学家帕特里夏·卡马拉塔在她的畅销作品《就三十分钟！》中谈到，学校应当将网络霸凌作为一个重点问题来关注，“因为大部分霸凌事件都发生在校园中，所以学校负责人更应当强化班级管理，营造良好的校园氛围”。此外，卡马拉塔还建议家长主动了解霸凌事件的成因和影响，积极预防和处理未发生或已发生的问题。在网络霸凌中，除了“受害者”和“加害者”，还有很多人承担着推波助澜的“帮凶”角色，利用其旁观者/局外人的身份扩大影响，推动事件的发酵。而以这类人为切入点，阻止仇恨的传播，正是终结网络暴力的关键。与此同时，网络上的恶行也需要被更多人看见、被更多人评判，受害者则需要更多的支持和保护。与学校一样，社会的关注点也不能局限于性别歧视主义和厌女行为，而要从整体上建立一个彼此友善、相互尊重的交往氛围。大至主流社交平台，小至家长群中的讨论，每个人在发言时都应保持对他人感受的敏感度，仅表达观点，不贬低个人。父母在教育孩子时，也要及早说明欺凌行为的危害和反抗的重要性。

在本书的开头，我们已经了解了“年龄歧视”这一概念。事实上，在受歧视一方的儿童和青少年群体内部，还有根据性别或种族等标准细分出的不同子类别。也正是因为孩子的弱势地位，所以他们的声音更难被听见，他们的能力更难被认可，孩子也更容易成为网络暴力的对象。网络也是恋童类犯罪的重灾区：2019年的一份关于网络性暴力的调查表明，青少年保护网站每年收到的关于虐待、骚扰、网络性骚扰（Cybergrooming）等行为的举报多达40 000件。另一项研究显示，德国34%受访女孩和23%受访男孩曾经在网络上被人追问过令他们不愿回答的私密问题。犯罪者会通过各种媒体渠道搜寻其目标：脸书等图文社交平台，抖音等视频网站，Whatsapp等即时通信应用，甚至各种网络游戏，都会成为他们与受害者建立联系的切入口。这些平台上的私聊功能能够帮助犯罪者避开大众的视线，隐藏自己的身份（比如伪装成同龄人），与目标展开初次接触，为日后的犯罪行为埋下伏笔。

由于孩子的性决定意识尚未发展充分，而性暴力对他们的危害又格外大，所以在此类（及其他任何类型的）暴力面前，儿童和青少年更需要得到特别的保护。可能很多父母在读到各种有关网络危害的报道时，第一反应就是不允许孩子再使用网络。因为在他们看来，与（目前）薄弱的保护力度相比，不接触才是最好的保护。但这种想法不仅不现实，而且会让孩子失去体验正常的网络生活的机会，无法学会以正确的方式应对互联网上的信息洪流、虚假新闻，以及可能出现的各种评论和威胁，这是非常危险的。大一些的孩子即使没有自己的手机，也会在学校或用其他同学的手机浏览和使用网络媒体。我们无法永远将孩子置于自己的庇护之下，但我们可以引导他们一步步进入网络世界，让他们拥有在网络世界中生存的能力。

在带领孩子进入网络世界之前，家长自己首先要对网络有一定的认知：网络在哪些方面对孩子有利？孩子使用网络产品的目的究竟是什么？他们可能遇到哪些危险？只有知道了每种数字产品中潜藏的危害，我们才能依据孩子的年龄，挑选出他们可以使用的产品。比如，我们可以告诉孩子他们还没有到使用聊天软件的年纪，但可以通过其他更加安全的替代产品与他人进行联络。如果孩子沉迷于某一款网络游戏，父母也可以在孩子玩游戏时陪在一旁，帮助他们识别陌生人的搭讪或骚扰，最大限度地给予他们保护。我们可以向孩子解释为什么要避免在网上过多地透露自己的个人信息（真名、住址、校名、手机号、平台上供用户选择的情感状况等），并同他们讨论哪些照片和视频可以发到网上，而哪些绝不应该流入公共平台。这类讨论常常伴随着对性的科普，因为父母需要让孩子知道为什么不应该将自己的私密照片发送给朋友，什么是性勒索（Sextortion），怎样避免性勒索。家长可以发动自己的朋友，在公共社交平台上进行一次安全实验，让孩子见证私人照片或视频（实际可用普通图片/短片等无害内容替代）在社交网络上的传播之广和速度之快。

在引导的过程中，父母必然要发挥自己的榜样作用，在留意自身在网络中的言行的同时，更要谨慎再谨慎地对待自己手中与孩子有关的媒体数据和信息：这些照片是如何拍摄的？上面有哪些儿童的个人信息？要知道，很多犯罪者不一定会寻求与儿童的直接联系，父母个人账号发布的儿童生活照也可能成为他们犯罪的素材。因此，父母要承担起保护孩子的责任，仔细辨别自己发布的照片或视频是否适合放在公共的网络空间。个人数据保护和以此为目的的安全密码设置是值得家长和孩子各自思考、共同探讨的问题。

反思：我的网络行为

在与孩子谈论网络媒体及其使用方式时，我们自己的网络行为也是一个无法回避的话题。在孩子敏锐的观察下，我们在向他们阐述网络道德、团结、宽容的重要性时，更要注意自身言行的说服力。请您反思自己平日在网络上的行为：我习惯以怎样的频率和方式使用网络？我一般会在哪些平台发布什么样的评论？我在网上如何表现自己？有没有人说过我在网上的某些行为有些过激？本章的内容给了我哪些启发？

教育决定一切

大量事实表明，教育是父亲、母亲，尤其是儿童发展、进步的基础，也是女孩、少女、成年女性实现真正意义上的平等最有力的抓手。只有理解了人体的工作原理，学会照顾自己，保持健康的身体状态，才能真正做到“向前一步”。只有明白了精神需求的重要性，知道自己应该如何满足这类需求，并从社会那里获得相应的框架支持，“向前一步”才有制可寻。而想要实现上述这些目标，父母和社会、家庭与学校，就要尽可能地为女孩创造优质的教育条件，给她们科学的启蒙，向她们普及关于身体、关于发育的知识，帮助她们更好地认识自己。

然而，在现实中，性别教育遭受着莫大的阻力。在很长一段时间里，通识教育都在强调男孩和女孩单一的性别形象。但从科学的角度来看，孩子需要的是良好、稳定、与其年龄相符的性别启蒙教育。

为了摆脱这一困境，我们必须有意识地对刻板印象和传统性别角色进行解析和加工。不仅是父母，包括保育员、老师等在内的所有教育者都应当承担起促进教育公平的重任，为不同性别、不同出身、父母受教育程度不一的所有儿童提供良好的学习条件，培养其健康的自我认知和自主能力。说到底，这些“不同”本就不应成为划分孩子能力的标准。摒弃传统性别观念离不开成人的言行表率：我们如何向女孩描述自己的职业？除了父母，孩子还会以哪些人为榜样？她们能否接触多元的职业性别分布，还是只能遥望各种由男性主导的职业领域？在儿童读物中，医生、工人、手艺人、面包师、消防员能否以女性形象出现？孩子将这些细节汇聚起来，就能在头脑中勾勒出她们对性别角色的理解。亲子关系与亲子教育是一体两面的，我们在第二章中读到的有关维系亲子关系的方法论也同样适用于亲子教育：充满信任的亲密关系能够提升女孩的自我价值感，而抛开陈腐的性别偏见，主动看到并回应孩子的个体需求则可以增强她们的自信。作为孩子的照顾者和信赖对象，我们要随时站在她们身边，为她们提供支持，同时给予孩子充分的自由，让她们尽情在自己感兴趣的领域中探索、尝试。

可以看出，不管在哪个生活领域，教育与科普对女性解放的力量都是不容小觑的。女性长期受到传统、保守思想的影响，往往不愿或不敢谈论被社会冠以“禁忌”之名的羞耻话题，因此，我们才更要利用知识的力量终结这种不合理的现状，通过教育和研究为新一代女孩开辟新的道路。让她们知道自己是谁，了解自己的身体，接纳自己与他人的不同，相信自己不必迎合任何刻板印象。我们反对任何形式的歧视——我们要为自己的权利发声。

让改变发生

我也希望，对“我们的女儿究竟需要什么”这个问题，“爱”可以是唯一的答案；但在现实中，爱是不够的。毫无疑问，孩子需要爱，但她们也需要自由和平等。前者很容易，后者很难——这既体现在日常生活中，也体现在整个社会层面。随着内容一章章地递进，很多人很可能动摇改变的信心：传统思想对女孩的限制竟然如此普遍，而个体的力量又是如此渺小。性别偏见不仅广泛存在于整个社会，也深刻地影响着每个个体。但是，如果我不是发自内心地相信变革的力量，相信勇气与科学的推动力，我就不会写这本书。

我成长于与现在的孩子完全不同的社会背景，接受的是与他们的价值观完全不同的教育。但不管我在幼时、在青春期、在成年后受到过多少传统性别思想的威压，我还是很庆幸自己在童年得到的启蒙。父亲常常警告我：“永远不要依赖男人，要走出自己的路。”这句话深深地刻在了我的心中，不断在我人生的每个细微之处提醒着我。我们不可能一下子就达成书中的所有目标，但可以从具体的小事开始尽可能地做出改变。很遗憾，仅仅凭借这本小书，我无法改变世界。我无法，也不想改变正在看这本书的读者；但我可以抛出一些问题，给您一些灵感，一些改变的契机。

改变不会是一件自然而然的事情。我们需要打破陈规，在看似平常的事物上付出大量的坚持和努力。我们必须团结，在险阻处为彼此加油打气。我希望这本书像一簇火苗，能够点燃每个人心中对平等的希望。愿我们在亮光的指引下找到彼此，让星火汇聚成烈焰，为下一代的女孩烧平前方的道路。

时机已到，让改变发生！

当代父母须知

在过去几十年中，社会经历了巨大的变化。父母对女儿的培养思路也应随着她们成长环境的变化而改变。在女性主义者库布拉·格穆萨伊看来，“语言与世界之间存在着巨大的漏洞。并非所有现实世界中存在的事物都能在语言中找到相应的表述，发生的事不一定能够被述说。不是每个人都能像他们所说的那样生活。这与语言能力无关，这是语言本身的局限”。

20世纪60年代之前，“性骚扰”这一概念还未作为术语进入大众的视野，只被当作调情或是恭维的变种。在这样的社会观念下，骚扰者被无害化，受害人则要忍受“过度敏感”之类的谴责。因此，学会用语言表达自己的遭遇可以说是反抗的第一步。随着时代的发展，越来越多的新词进入了我们的语料库，让我们能够更好地定义自己和自己的经历。虽然有些词不太常用，但依旧可以成为我们和孩子间传输价值观的工具，帮助我们理解孩子对这个世界的认知和他们想要表达的观点。

为此，我总结了当前社会背景下比较重要的术语，设计了下面的词汇表。希望这些概念和术语能让我们“失语”的现状得到些许的缓解，进而让我们更加积极地发声，更加勇敢地讲述个体遭遇，让女性的声音更多地为世人所听见。有声音才有共鸣，只有将问题说出来，我们才可能发现那些原本以为是个例的情况其实非常普遍。共同的语言让我们不再孤独，也赋予了我们更加强大的力量。语言正是我们改变的开端。

成人主义

成人主义常被用于描述成人对儿童和青少年的系统性歧视。对年龄与发展程度的偏见是成人主义的根源。

男性中心主义

顾名思义，男性中心主义采取的是以男性为中心的视角。男性是标准，而女性是对标准的背离。

街头骚扰

街头骚扰是性暴力的一种，通常由男性发起，以女性为目标。吹口哨、搭讪、在公共场合做出带有性暗示的动作都是此类暴力的体现。

网络性骚扰

网络性骚扰指发生于网络上的，以性接触或性侵为目的的搭讪、诱骗行为。

歧视

歧视即对特定个体/群体的贬低行为。

性别体现

性别体现是性别研究中的一个概念，指人们的行为会受到其从社会习得的性别刻板印象的影响，成为性别刻板印象的体现。

煤气灯效应

施暴者通过心理操纵，让受害者逐渐质疑自己的记忆、经历和想法，最终开始自我怀疑。个体只有保持自信，认清现实，才能对抗这种操纵。

性别抚养差距

性别抚养差距是由曾经的德国政府提出的一项指标，用于反映男女间花在无偿抚养上的时间差距。

性别工资差距

性别工资差距是一项反映男女间收入（不含税）差距的指标。

框架效应

框架效应指对同一事物或问题的不一样的描述导致不一样结果的现象。框架可以理解为我们说的一句话或者一段话就像是一个无形的框子或架子一样，被扔进了听众或读者的脑海。这个无形的框子或架子会影响或限制他们的思维，影响他们的判断或决策。

交叉性

这里的交叉性特指不同类型歧视行为同时发生、彼此重叠的现象。例如，年龄歧视、性别歧视、种族歧视、社会阶级歧视、外貌歧视同时发生在一个人身上，这就是一种交叉。

塔形权力结构

这个新造词由希腊语名词kyrios（领主、奴隶主、父亲、丈夫）和希腊语动词archein（统治）共同组成，一般被用于描述充满统治与压迫，表现出明显阶级分层的统治结构。

横向暴力

横向暴力指发生在边缘群体内部，由外界压迫导致的成员间彼此敌对的攻击行为。

男性说教

指男性认为自己懂的东西更多并以居高临下的态度向女性说教。

厌女

厌女是敌视女性和女性仇恨行为的概念集合。

标准美

指符合社会主流审美标准的美。

父权制

指由父亲/男性主导，受他们控制，以他们为代表的社会权力体系。

性勒索

指利用受害者裸照/裸体视频向对方勒索金钱或肉体的行为。

致谢

在网课和隔离不断交替的日子里，我写完了这本书。幸运的是，我的丈夫是一位非常支持男女平权，也非常重视女性需求的男性。他替我分担了很多大大小小的工作，也充分尽到了作为父亲的义务。感谢卡斯帕，感谢他给我平等、包容而又坚韧的爱。

在当前的社会背景下，孩子从父母那里习得的女性主义价值观难免与社会传统意识形态碰撞，他们也更常承受来自外界的非议与压力。小到家长簿上的签名，孩子的穿着打扮，大到父母对育儿责任的分配，无不可以成为争论的主题。因此，孩子们，虽然你们对此可能早已习惯，但我还是想说，陪伴你们成长、不断向你们解释为什么我们要做那些在别人眼里“奇怪”的事情，这一切并不容易。如果你们有朝一日能够翻开这本书，请记住：我爱你们，也希望通过自己的努力帮助你们走向更好的未来。

如果没有朋友们的支持和帮助，没有他们鼓励的话语，温情的陪伴，实用的建议，我可能很难熬过写作时那段处处受限的日子，也必然不会有余力写这本书。感谢安迪、安雅、克里斯蒂娜、克里斯托弗、马德琳、米莱娜、帕特里夏、桑乔、桑德拉和耶特（按首字母拼音排序）。你们幽默的开解和专注的倾听是我漫长写作过程中的力量源泉。

感谢我的教女莉莉。虽然我们不常见面，但你有关女性主义的毕业论文写得真的很棒！

感谢经常与我交流写作方面问题的作家同仁们。当然，我还要特别感谢参与本书创作过程，同我分析讨论各类观点的朋友们。感谢优秀的插画师娜丁·罗巴，我的编辑卡门·科尔茨和卡塔琳娜·特姆尔医生。一并要感谢的，还有许多愿意与我分享自身经历的母亲们。感谢莫佳·西格尔、尼尔斯·皮克特、梅拉妮·比特纳、米歇尔·勒茨纳。感谢他们愿意接受我的采访，让书中对话部分的内容更加充实有趣。

最后，我还要感谢书前的您，感谢您选择阅读这本书。希望它能成为一簇小小的火苗，引燃您心中对平等的追求，并最终以燎原之势为我们的下一代女孩消除身上的枷锁。

如欲查阅本书参考
文献，请扫二维码